七个教会

当主日我被圣灵感动，听见在我后面有大声音如吹号说，
你所看见的，当写在书上，达与以弗所，士每拿，别迦摩，
推雅推喇，撒狄，非拉铁非，老底嘉，那七个教会。
我转过身来，要看是谁发声与我说话。既转过来，就看见七个金灯台。
灯台中间，有一位好像人子，身穿长衣，直垂到脚，胸间束着金带。

(启示录1章10~13节)

李载禄牧师

七个教会

自序

将一切感谢与荣耀归于在天的父神，祂引导我将蕴藏丰富慈爱与末时奥秘的七个教会信息编撰成书，与读者见面。

自从因着神的恩，满身疾病一次得到痊愈，从七年病苦缠磨中彻底得到释放，我开始热衷于对主的信仰。当时我心中有一个梦想，就是成为一名出色的长老，施舍帮扶贫苦之众，大力资助宣教圣工，倾我一生回报神恩。然而神照祂的美意呼召我作主的仆人，赐我向万民传福音的使命。

1982年开拓教会后，我将《圣经》上的初代教会，就是主复活升天后藉着使徒所建立的早期教会作为标杆，倾心专注致力于祈祷和传道。自开拓到今天，历经25年，教会现已发展成十万余注册信徒，并与全世界7000多个支教会齐心协力，广传主的福音，扩至地极。

成为初代教会之根基的耶稣门徒和许多圣徒，曾亲眼目睹耶稣所行的奇事和神迹，乃至复活与升天的情形。他们满有恩典与真理，常被圣灵所充满，并且大有信心，不畏逼迫苦害，放胆作主的见证，成为世界福音化的基石,终使罗马帝国将基督教定为国教。始于以色列的福音,传遍全世界,今又重归以色列。

当今世界,不知有多少人声称信神,却丧失了起初的爱心,灵命成长停滞,信仰不冷不热。疑惑全知全能的神,不认耶稣基督,否定圣灵善工的人随处可见;停止聚会,迎合世俗风气的教会也日趋增多。

在罗马帝国残酷的迫害中,不以性命为念传主福音的使徒约翰,被流放到拔摩海岛,在那里领受主的启示。

"所以你要把所看见的和现在的事,并将来必成的事都写出来。论到你所看见、在我右手中的七星和七个金灯台的奥秘,那七星就是七个教会的使者,七灯台就是七个教会。"(启示录1章19、20节)

圣经中出现的"七"这个数字寓含着完全的意思。因此,"七个教会"不单指初代教会时期之后建立于小亚细亚的以弗所、士每拿、别迦摩、推雅推喇、撒狄、非拉铁非、老底嘉这七个教会,而是泛指兴起于圣灵时代的普世所有教会。

启示录记载的主藉着约翰所传递的书信,乃是超越时间和空间,面向至今世界上存在的所有教会的标杆性信息，亦是浓缩神在新旧约圣经上一切真理的概括性教诲。

本书囊括的极为重要的生命信息，可作为打造得主喜悦之教会的核心指标，相信这一讲解会给众教会带来全新的觉醒。

借此向为此书的出版付出辛劳的编辑局长宾锦善，以及所有同工深表谢意。愿主祝福所有读者，能够专心爱慕主的再来，努力成为主妆饰整齐的新妇。

2007年11月
于客西马尼祷告处
李载禄 牧师

刊首寄语

湛蓝清澈的爱琴海中的那个拔摩岛，现今向人们展现的是蓝色的大海映衬着岛上鳞次栉比的白屋的一道亮丽的风景线。历史上，它是使徒约翰曾经被逐流放之地。就在这里，使徒约翰在圣灵的感动中，蒙主启示撰写了有关"七个教会"的信息，乃至末时必成的诸多奥秘之事。

在罗马皇帝图密善执政时期，使徒约翰身为耶稣的十二门徒之一，当主复活升天后，在别迦摩、士每拿等地传教时被捕并处以死刑，被投到油锅里，却因神的保守安然生还，之后被流放到拔摩海岛，一切尽在神的旨意当中。

当时拔摩海岛是用来流放政治犯的地方，与世隔绝，一片空寂。然而这却是一个专心祷告，与神进行深层交通的最佳环境。在这人迹罕至的荒岛上一个深洞里，约翰倾心专注祷告，领受神的启示，并将神指示的信息记录下来。

人要领受神的启示，必须借助圣灵的感动，灵眼得以开启，并得到天使的带领。于是神熬炼约翰，使他成为圣洁、完全、满有真理的属灵人。原有"雷子"的别称、性急如火的约翰，改变成温柔谦和的人，

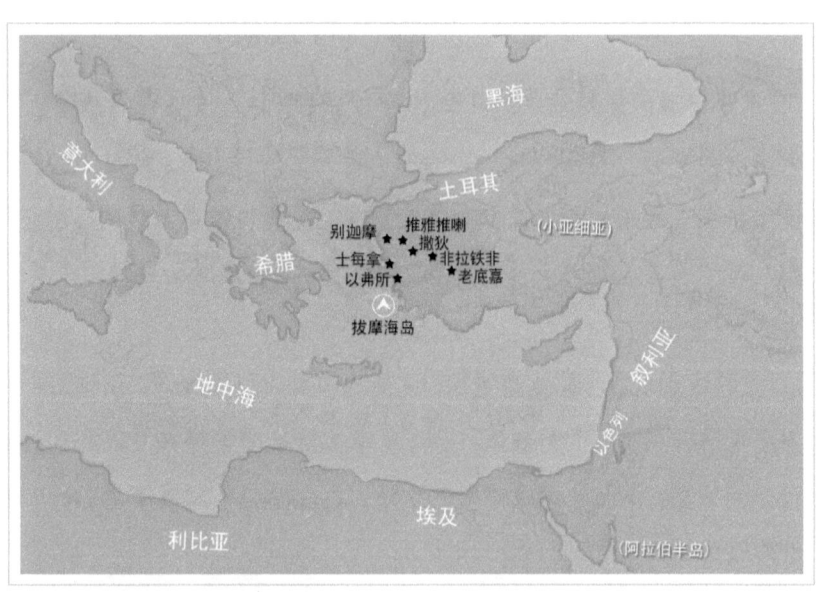

得了"爱的使徒"之美誉。他天天专心恒切地祷告,甚至额上都磨出了老茧。

通过使徒约翰所记录的关于七个教会的默示内容,是以书信的形式构成。其上信息是现代众教会和圣徒不可或缺的重要宝训,清晰显明神所称许的典范教会之形像,带来极深的教益。因为这里所提及当时位于小亚细亚的以弗所、士每拿、别迦摩、推雅推喇、撒狄、非拉铁非、老底嘉这七个教会，代表天下所有蒙得福音造就的教会。

有关七个教会的信息，并非仅为教会历史的一些片段，而是贯穿整个历史时代，敦促普世所有教会觉醒复苏的主迫切的呼声。然而很多教会听到这一呼声，起初热切地爱主，后来却是爱心渐渐冷淡，心志渐渐麻木，最终落到受主责备的地步。我们应当时刻警觉自己，免得不知不觉中走向这种信仰误区。

比赛通常分个人赛和团体赛。在信仰里也相仿：末日的审判既有针对个人的审判，也有针对整个教会团体的审判。按照所属的教会获得怎样的评判，或得到相应的赏赐，或至于相反的结果。

教会的带领人——主的仆人不仅要受针对个人信仰的审判，还要受到作为群羊之首的牧者应受的审判。怎样服侍教会，如何带领群羊将作为根据受到严正的审判。在奉耶稣基督的名建立的教会作群羊之首的主仆，理当照主的旨意服侍教会，牧养群羊，否则在审判之时必站立不住。

雅各书3章1节说："我的弟兄们，不要多人作师傅，因为晓得我们要受更重的判断。"恰恰相反，身为领头人，若把所托付于自己的羊群引导到青草地和可安歇的水边，最终把他们领入荣美的天国，那么这个主仆将必得无与伦比的赏赐与尊荣。

总之，七个教会的圣训，乃是主向全世界所有教会、所有教牧者和圣徒们传递的深切的爱的呼声。作为主的身体的教会根基稳固，神的儿女才能站立得稳，于是主对众教会和牧者传递了这一殷殷嘱托。

"圣灵向众教会所说的话，凡有耳的，就应当听。"

目 录

自序
刊首寄语

第一章
因离弃起初的爱心而受责备的以弗所教会   1

第二章
忍受信心的试炼，胜过世界的士每拿教会   35

第三章
随从适当主义信仰风气，
沉迷于异端思想的别迦摩教会   67

第四章
吃喝祭偶像之物，与世妥协的推雅推喇教会   101

第五章

名存实亡的小型教会撒狄教会　　　　　137

第六章

以信为本，遵行主道，
蒙主称许的非拉铁非教会　　　　　161

第七章

信仰状态不冷不热的大型教会老底嘉教会　　　　　187

七个教会的信息中所蕴含的神爱　　　　　214

第一章

因离弃起初的爱心
而受责备的以弗所教会

针对生活在以弗所这个偶像崇拜异常盛行的城市里的众圣徒,
主称赞他们为信道所付出的劳碌和忍耐,
以及不能容忍恶人试验自称为使徒的,
揭穿其虚伪本质,并为主忍耐,
曾为主的名劳苦,并不乏倦的长处。
同时责备他们离弃了起初的爱心,
劝勉他们悔改归正,行起初所行的事。

这是主向着今世那些起初信仰火热,祷告殷切,
但随着教会的壮大,渐渐变得骄奢懒散,
热情减退,爱心冷淡的众教会所赐的劝言。

启示录2章1-7节

[1] 你要写信给以弗所教会的使者说,那右手拿着七星,在七个金灯台中间行走的说:

[2] 我知道你的行为、劳碌、忍耐,也知道你不能容忍恶人。你也曾试验那自称为使徒却不是使徒的,看出他们是假的来。

[3] 你也能忍耐,曾为我的名劳苦,并不乏倦。

[4] 然而,有一件事我要责备你,就是你把起初的爱心离弃了。

[5] 所以应当回想你是从哪里坠落的,并要悔改,行起初所行的事。你若不悔改,我就临到你那里,把你的灯台从原处挪去。

[6] 然而,你还有一件可取的事,就是你恨恶尼哥拉一党人的行为,这也是我所恨恶的。

[7] 圣灵向众教会所说的话,凡有耳的,就应当听。得胜的,我必将神乐园中生命树的果子赐给他吃。

主给以弗所教会的信

"你要写信给以弗所教会的使者说,那右手拿着七星,在七个金灯台中间行走的说:……"
(启示录2章1节)

每年五月,以弗所这座城市里照例举行集会,祭祀象征富饶多产的女神亚底米。以弗所位于今天的土耳其西海岸,城中为来自叙利亚、印度、阿拉伯、埃及等国汇集的商人和市民而建造的各种设施比比皆是,是亚洲最大的商贸中心、繁华富裕的大都市。

福音最初传入以弗所,是使徒保罗在传道旅行中成就的。虽然信神,但未曾认识耶稣基督和圣灵的人们藉着保罗蒙得耶稣基督福音的恩召(使徒行传第19章)。

以弗所教会显现如火般圣灵的作工

使徒保罗在周游小亚细亚各地传道时，有一次途经以弗所，在那里遇见几个门徒，向他们提问：

"你们信的时候受了圣灵没有？"
"没有，也未曾听见有圣灵赐下来。"（使徒行传19章2节）
使徒保罗续问：
"这样，你们受的是什么洗呢？"
"是约翰的洗。"（使徒行传19章3节）
使徒保罗向这几个还不认识耶稣基督的人放胆见证说：
"约翰所行的是悔改的洗，告诉百姓，当信那在他以后要来的，就是耶稣"（使徒行传19章4节）。

他们就接待耶稣基督作个人的救主，并藉着保罗重新受洗。他们身上即刻显现圣灵奇妙的作工：众人都领受了圣灵，说方言，又说预言，仿佛重现初代教会的情形。

之后，使徒保罗逗留以弗所，一连三个月在犹太人的会堂里传讲主的福音。其中有些人心里刚硬，毁谤所传的道，保罗就离开他们，在推喇奴的学房讲论主道，历时两年。

神藉着保罗行了些非常的奇事，证实他所传之福音。有人从他身上拿手巾或围裙放在病人身上，病就退了，恶鬼也出去了。风声传遍了以弗所全地,许多犹太人和希腊人都归信耶稣基督。

在以弗所以制售亚底米女神银龛为生的商户们起来谋议要杀死保罗,他们害怕耶稣基督的福音兴旺起来,人们就轻视亚底米女神,绝了他们发财的门路。

"这保罗不但在以弗所,也几乎在亚细亚全地,引诱迷惑许多人,说:'人手所作的,不是神。'这是你们所看见、所听见的。这样,不独我们这事业被人藐视,就是大女神亚底米的庙也要被人轻忽,连亚细亚全地和普天下所敬拜的大女神之威荣也要消灭了。"(使徒行传19章26、27节)

经过银匠们的一番煽动,满城都轰动起来,众人怒气填胸,要拿住保罗及同工。然而,如此来势凶猛的逼迫也未能阻止福音的传播,藉着使徒保罗的传道旅行,教会在以弗所这座城市最终也扎下了根基。

右手拿着七星的主

主给以弗所教会的一封书信,篇头提到发信者和收信者,表明该书信是"右手拿着七星,在七个金灯台中间行走的"写给"以弗所教会的使者"的。"使者"意指奉命办事的人,"以弗所教会的使者"便是指以弗所教会的带头人——牧者(主的仆人)。"右手拿着七星，在七个金灯台中间行走的"是指耶稣基督。

耶稣为了救赎因罪而沦丧的人类，降世为人，承受十字架的惨酷极刑，流尽血和水，替普世罪人而舍命，为我们开辟了一条拯救的道路。完成救赎人类之使命，复活升天的主，在天上为神的子民预备永远的住处，直至神对人类的耕作完结。将来神所定的日期满足，主必降临空中，接引一切蒙恩得救的子民到祂的国度。再临的主还具有审判主的身份。

那么经上为何称主为"右手拿着七星，在七个金灯台中间行走的"？

通常人的右手较比左手强壮有力，因此"右手"象征力量与能力。"星"则代表人。启示录1章20节提到 "那七星就是七个教会的使者"，由此可知"七星"是七个教会牧养群羊的牧者。

因此，主"右手拿着七星"所代表的含义是：神以祂的大能托住祂亲手设立的教会和亲自拣选的主的仆人。神与他们同在，藉着他们彰显医治的大能、跨越时空的功效，乃至各种奇妙的神迹和非常的奇事，赐福、造益于众人，使荣耀归于神（使徒行传16章17-20节）。

正如耶稣在马太福音16章18节对彼得说："……你是彼得，我要把我的教会建造在这磐石上，阴间的权柄不能胜过他。"神所恩召并亲手设立的主的仆人和教会，仇敌魔鬼、撒但的权柄不能辖制，是无人可以毁坏的。因此，对主用右手托住的教会和牧者进行论断和定罪，无异于对主论断和定罪。

在七个金灯台中间行走的主

主"在七个金灯台中间行走"，"精金"代表笃定不变的信心，"灯台"象征教会，因此"金灯台"是指靠着主本着信所建立的教会、是主用宝血赎买的教会、是主的身体——圣洁的祭坛。"七"代表完全的数目，"七个金灯台"便指奉主的名建立的纯正教会。

灯台上的"灯"象征圣徒。灯火点亮，黑暗消退——当信神的圣徒所聚集的教会被圣灵充满，活出真理之道时，就会发现属灵的光辉。凡具有真信的圣徒必遵行神的道，活出光明的形像，神正是藉着由这样的圣徒所构成的教会引导众人脱离黑暗，进入光明，领受救恩。

因此，主"在七个金灯台中间行走"，表示主时常运行在神亲手所立的众教会当中，并用火焰般的眼目看顾和保守。

称主为"右手拿着七星，在七个金灯台中间行走的"，表示建立于主的名下，并由主亲手托住的众教会和主仆将成为末日审判的标准和公义的尺度。现今世界上教会林立，见证神道的主仆遍布各地，但他们的教导并不都属真理。唯独神所认可并保障的主仆人才能真实见证神的旨意和审判的标准。

并非所有的教会都能起到"救恩方舟"之作用，独有主亲手托住并与之同工的教会才能胜任救恩方舟之重托。有的教会按名是奉主的名所立，但主并不与之同在。

在末日审判之时，不仅各人生平活出的信仰成为审判的依据，在世曾归属哪个教会也成为审判的根据。当然人的得救乃是建立在自己与神之间的直接关系上，可是一个人在什么样的教会经历信仰生活，受怎样的主仆人教导牧养，对个人信仰产生十分重要的影响。

例如：一个尚不明白真理的信徒，看到自己教会的牧者对某个教会或某个主仆人加以论断、定罪，会不加分辨地效仿随从，那么就算这些行为不是出于恶意的蓄谋，但在审判之日还是难辞其咎。可见在世委身于什么样的教会，受教于怎样的主仆人，是决定圣徒信仰发展的关键因素。

身为教会的领袖，却把许多灵魂引向败坏之路，那么他要承受极重的刑罚。反之，把主所托付于自己的群羊引到肥沃的青草地、可安歇的水边，领入更美的天家，那么这个牧者在天上必得丰厚的赏赐和莫大的尊荣。因为"手里拿着七星，在七个金灯台中间行走的"主，用火焰般的眼目察看众教会的光景和各人的行为。

今世属以弗所教会类型的教会

主向七个教会传递的信息，是超乎时代，跨越空间，造就世上所有教会的重要宝训，当今世界上的众教会，可以根据七个教会的不同特征进行归类。主向以弗所教会所传递的信息同样适用于如今处在同一光景的众教会。当今世界上，那些自以为对神的国贡献卓著，但已丧失起初的爱心，迟迟不能恢复的教会太多了。

神曾提到一个教会，自开创到取得一定程度的发展，他们努力活出真道。为主的名无辜承受磨难时，他们也存心忍耐，竭力克服。因起初的爱心热切，面对逼迫，大家反而更加同心合意，恒切祷告，努力成就神的旨意。

虽然还不能晓得深奥之理，但力求灵性境界的超越，宣讲神真理之道。殷勤不至懒惰，齐心致力于兴旺神国的圣工，得神的喜悦，蒙神的赐福。教会日益兴盛，圣徒蒙恩得福，而且显现医治的功效。

教会形成一定规模，步入稳定阶段，然而在周围的肯定与赞誉声中，他们起初的心志渐渐衰退，变质，持续滑向低谷，最后到了不可挽救的地步。若是在起初的爱开始冷淡，骄惰心态萌起之初及时进行反思并回转，他们还能有望恢复，但他们起先"有一定成就"的自负心理发展成"神也认可我们"的骄傲自满的心态。

甚至随意对别的教会论断、诽谤和定罪。"我们是众教会的楷模"这种习以惯常的骄满心态，致使他们甚至恣肆无忌地行大恶犯重罪，擅自断定某些教会为"异端"或"走邪"。

神警戒人不可论断、不可定罪。我们可以藉着神道辨别诸事，但不能存着骄傲的心行论定之实，骄傲会蒙蔽人的眼睛。更不能拿自以为是的错误标准去论断、定罪主用右手托住和保障并赐权能随着的主仆人。

不仅如此，他们起初对真理的渴慕已趋淡然，不肯再为之辛劳、努力和忍耐。渐渐停歇祷告，敷衍应对神的旨意，反倒生发一种维持且享受所获之成果的心态。从表象上看，教会似乎持续着小幅成长，但从本质上看，以往的热心和忠诚已经荡然无存，无迹可寻。

圣徒个人的信仰也与不例外。当人接主在心，尝过神恩的滋味，起初的爱心火热高涨时，积极参加各项礼拜和各类聚会，在祷告和传道的事上也分外殷勤，自然在教会中领受各样使命。可是往往经不起时间的考验，对曾经无比珍视的使命渐渐轻忽懈怠，甚至觉得是一种负担和累赘，于是随意更换，甚或放弃。

当然，由于身负职任过多，可以做出适当的调整，这与出于厌嫌的心态擅自辞弃原职另换他务性质完全不同。凭着存系的那点儿信心，还能坚持参加礼拜和祷告会，但以往的热心已不复存在，属灵的生命不能长进。

类似以弗所教会之弊病的根本原因

起初的爱心开始冷淡时，心中会感到忧苦愁闷，也有"照此下去会彻底沦丧"的危机感。但久而久之，心灵越发麻木，最后连仅存的那点危机意识也丧失殆尽了。总之，无论圣徒个人还是教会团体，丧失起初的爱心，沦为以弗所教会那种光景的根本原因就在于信仰根基没有扎牢。

根基深牢的树木才不会被风吹倒。藉着神的道和祈求，扎深信心根基，无论何时何境都不至摇晃。只要藉着神的道及时发觉自己的欠缺，恒切祷告，更新心意，就可以常被圣灵充满，心中无忧，常享平安。

由于信仰根基不牢靠，表面上看似有信，并有传道和祷告的行为，但却没有复兴的果效，也没有多少蒙神爱的见证。心志衰退不思进取，安于现状与世妥协，生命滞长，灵性倒退。

所以务要随时查验自己属灵光景，速速悔改归正。否则，诚如神说"你若不悔改，我就临到你那里，把你的灯台从原处挪去"（启示录2章5节），与神恩隔断，与圣灵绝离。神便另选更为喜爱的教会和圣徒来成就神的计划和旨意。

主赐予以弗所教会的训诲，清晰显明何为蒙主称许的信仰态度，什么是应受告诫或责备之处，可用来查验我们个人的信仰状态，以及我们所在的宣教会乃至教会的信仰光景。

主对以弗所教会的称赞之处

"我知道你的行为、劳碌、忍耐，也知道你不能容忍恶人。你也曾试验那自称为使徒却不是使徒的，看出他们是假的来。你也能忍耐，曾为我的名劳苦，并不乏倦。"
（启示录2章2、3节）

　　仔细查考主向七个教会传递的信息，可以发现主针对每个教会采取了不同的管理方式。对有的教会称赞与责备兼施，对有的教会只有责言，对有的教会只有嘉许，对有的教会则既无称赞也无责备，只有劝勉。

　　若把主管理七个教会的智慧运用于我们的教会或家庭中，必会获得理想的果效。主对以弗所教会先是指着他们的长处予以称赞，而后点明他们的缺点加以责备。

若想纠正别人的错误，如果采取先责备后赞许的方式是很难得到好的果效，因为责备往往会导致对方紧闭心门。应当先称赞其长处使心门敞开，然后点悟需要改进的部分，可使对方比较欣然地领受劝言。

对方若是毫无可嘉之处，最好不要责备，免得灰心气馁。针对这种情况应当智慧地应对，尽量避免责备，而用爱心加以劝勉和开导。

那么，下面探讨主对以弗所教会的称赞之处具体包括哪些方面。

以弗所教会为遵行真理付出劳碌和忍耐

第一个称赞是针对他们为遵行真理付出的劳碌和忍耐。以弗所教会的牧者和圣徒们努力离弃那些与真理相悖之事，竭力活出神的道。

神的道大致分为四类："当行、当戒、当守、当弃"。例如：爱人如己、饶恕弟兄、不可嫉妒、守安息日、离弃各样的恶事等等。人要遵行这些真理圣言，必须付出劳碌与忍耐。

例如：神吩咐我们"当记念安息日，守为圣日"，那么每逢主日我们都应当来到教会，用心灵和诚实敬拜神，放下世务操作，禁戒买卖行为；叫我们"不住地祷告"就当恒心不住热切祷告。

然而，当今世界有多少教会虔诚谨守神道，配蒙主称许呢？尽管希伯来书10章25节说："你们不可停止聚会，好像那些停止惯了的人,倒要彼此劝勉。既知道(原文作"看见")那日子临近,就更当如此。"如今众教会聚会活动日趋减少,希图安逸,推崇简单随意的信仰方式。

希伯来书12章4节说:"你们与罪恶相争,还没有抵挡到流血的地步。"意即叫我们作弃罪的工夫要到流血的地步。哥林多前书4章2节说:"所求于管家的,是要他有忠心。"启示录2章10节说:"你务要至死忠心……"。

为除净心里的罪恶,需要付出流血的代价,为了完成主所托付的使命,必然要付出劳碌和忍耐。就算做出了弃罪成圣的努力,并为使命竭诚尽忠,也不能怀有"取得一定成就"的自满心态。

哥林多后书10章18节说:"因为蒙悦纳的,不是自己称许的,乃是主所称许的。"我们应当成为蒙主肯定和称许的人。但这不是叫我们本着得主肯定和称赞的目的弃恶离罪,为主效忠。就算倾尽全力,奉献一切来服侍主,我们也当持有"我是无用的仆人"之谦怀,并表白"这是我们应尽的本分"。

这样才能成为蒙主称许的教会和圣徒。以弗所教会为持守真理而付出劳碌和忍耐,这一点得到主的肯定,故而蒙主称许说:"我知道你的行为、劳碌、忍耐"。

以弗所教会不容忍恶人

主称许以弗所教会第二点是"不能容忍恶人"。有的人误解经上的神言,认为"教会是践行主爱的地方,对犯罪的人要宽容到底。"

当然,在主里面我们应当饶恕弟兄,甚至要到"七十个七次",恒心忍耐并盼望其顺服真理改过自新。但不能对走向死亡的弟兄漠然视之,任其沦丧。父母若有真爱,决不会对误入歧途的孩子一味地忍耐和宽容,宁可采取责打管教的方式也要把他挽救过来。在主里面也相仿,在神毫无黑暗,祂圣洁无暇,不容忍恶事。

哥林多前书5章11-13节:"但如今我写信给你们说:若有称为弟兄是行淫乱的、或贪婪的、或拜偶像的、或辱骂的、或醉酒的、或勒索的,这样的人不可与他相交,就是与他吃饭都不可。因为审判教外的人与我何干?教内的人岂不是你们审判的吗?至于外人,有神审判他们。你们应当把那恶人从你们中间赶出去。"

有人强解这段话,忌讳与不信神的世人相处,甚至对才信还未彻底脱离前罪的初信徒也一概而论。经文所表明的实意是:具有相当的信仰阅历,身负执事或长老等职任的人,若是故犯上述的那些罪,就"不可与他相交,就是与他吃饭都不可",甚至应当把他逐出教会。

主曾吩咐我们饶恕别人要"到七十个七次"(马太福音18章22节),可这里为何又教导我们不可饶恕那一类人,甚至要把他们赶出教会呢？满有慈爱的主，只要我们诚然懊悔改正，就不再记念我们曾经的罪过。然而那些受到警告却仍旧犯罪不肯回转的人，由于心地顽梗而顺着撒但的运行不停犯罪作恶的人，会给教会带来巨大损失。

"顺着神的旨意，将万人引入救恩，兴旺神的国度"乃是教会所负载的使命和重托。而他们恰恰对这一圣工造成严重阻挠和毁谤。若对这类人放之任之，必如"一点面酵能使全团都发起来"，使其他人受其熏染同流合污，于是主吩咐我们要把这类人从我们中间赶出去。但其意并非要当即把涉事者赶出去。

劝诫犯罪的弟兄之原则

马太福音18章15-17节："倘若你的弟兄得罪你，你就去趁着只有他和你在一处的时候，指出他的错来。他若听你，你便得了你的弟兄；他若不听，你就另外带一两个人同去，要凭两三个人的口作见证，句句都可定准。若是不听他们，就告诉教会；若是不听教会，就看他像外邦人和税吏一样。"

意思是主内的弟兄若有什么过犯，不要向别人透露，而要凭着爱心前去当面规劝，若是弟兄欣然听劝并且悔改，转离败坏之路，便是救了一个弟兄。若是不听，就请一两个位分比自己高的人同去，再次予以劝诫。

若是还不听他们，就要顺着次序告诉主的仆人，或在上的领导，用神真理之道予以告诫或责备，敦促其能够回转归正。若还是不听则要"看他像外邦人和税吏一样"。到了这种程度如果还是放任自由，必然导致众人受之熏染，同陷其罪，终至整个教会深陷困境。

神之所以吩咐教会不能容忍作恶之人，乃是因着祂丰富的慈爱，而非出于冷漠无情，旨在保全众圣徒，使主用血赎买的教会保持圣洁。

然而有一点我们需要铭记：一个不行真理的人规劝弟兄，是不会有任何果效的。不按真理而行的人若是说"弟兄，你要知道神是恨恶罪恶的"，或说"你要靠主常常喜乐，不住地祷告，凡事谢恩"，结果往往适得其反。

马太福音7章3-5节，耶稣说："为什么看见你弟兄眼中有刺，却不想自己眼中有梁木呢？你自己眼中有梁木，怎能对你弟兄说'容我去掉你眼中的刺'呢？你这假冒为善的人！先去掉自己眼中的梁木，然后才能看得清楚，去掉你弟兄眼中的刺。"

唯独离弃心里的恶，除尽负面情绪的人才有资格规劝他人。他们的劝言能叫人心悦诚服，不会让人觉得扎心，产生猜疑、误解或论断。

彼得前书1章16节提到神吩咐我们说："你们要圣洁，因为我是圣洁的。""自洁成圣"乃为我们义不容辞的使命。神舍出自己的独生爱子为人类作了挽回祭，使归信主基督的人罪蒙赦免，领受所赐的圣灵，并靠着圣灵的善工，活出真理、光明。这样的神岂能容忍罪恶在教会里滋生蔓延！

然而如今很多教会对信徒的犯罪作恶，非但不予严加警戒和治理，反而试图掩饰隐瞒，甚至随其放任，恐怕指出罪会导致圣徒流失，影响教会的发展。另外对恶人采取所谓人道的同情，或者迎合妥协权财名利的蛊诱，均会导致教会里容忍罪恶的结果。

教会的功用究竟何在？教会的功用不外乎宣讲真道，引导领受救恩的众圣徒活出真理，得进荣美的天国。针对得罪神的事、走向死亡的事，我们应当勇于指出，严厉责备，使他们转离恶行，归入正道。当以爱心和体恤之怀，多方规劝或勉励圣徒们遵从神的圣道，离弃罪恶，活出圣洁虔诚的信仰。

以弗所教会试验自称为使徒的，看出其虚假本质

主针对以弗所教会提及的第三点可嘉之处，是"曾试验那自称为使徒却不是使徒的，看出他们是假的来"。这里使徒非指像耶稣的十二门徒或保罗那样的神的仆人，而是指那些教会中被认为是信心程度较高而领受职分的人。

如今的教会设有多种职分，包括主仆、长老、劝事、执事等。但有一种常见的弊端：不按属灵信心的程度，而凭着教龄或阅历授予职任或身居领导职位。一个人即使担任要职，身负多种使命，若是得不到神的认可，便是徒劳枉然。

单凭信仰阅历或外在条件领受了职分，却不具备相应的灵性资质，得不到神的认可，便是"自称使徒"。那么"试验那自称为使徒却不是使徒的，看出他们是假的来"所指是什么呢？

例如：管理教会的牧者教导众人要远离罪恶，遵行主道，那么有信心的圣徒一定会欣然领受并顺从。因为经上讲"神的道是活泼的，是有功效的，比一切两刃的剑更快，甚至魂与灵、骨节与骨髓，都能刺入、剖开"，当主的仆人宣讲真道，显明各人污点欠缺时，有信心的圣徒会诚恳地懊悔并努力改正（希伯来书4章12节）。

而心地顽梗的人却不肯信服真道转离误区，因自己的不义显露，就以似是而非的理由掩饰自己并迷惑众人，甚者咒骂教会，叛离主道。这样，自称使徒之人的虚伪本质终究暴露无遗。

在主的仆人群体当中也有"自称为使徒却不是使徒的"。他们借托神的道专事论断、定罪，污蔑其他主仆或教会，"瞎眼领路"误导羊群。耶稣时代的大祭司、法利赛人和文士就是其典型例子。

马太福音23章里，耶稣称他们为"瞎眼领路的"，并责备他们说"在人前、外面显出公义来，里面却装满了假善和不法的事"。自称为使徒的人表面摆出虔诚的样式，佯装自己是圣洁的神人，然而一旦面临试探，其虚假的真相就败露无遗了。

神有时为了显露教会里弄虚作假之事而允准试炼。这类试炼甚至会使教会卷入深重的逼迫与苦难之中。

例如：当司提反执事指出众人的罪行以及邪恶本质的时候，

他们就觉得扎心，怒气填膺，就起来乱石击杀司提反。恶人就是这样，罪行被指出，本质被暴露，他们反会变本加厉地发恶。因此，当神为了分别自称使徒的，揭露其虚伪本质而在教会中允准试炼的时候，偶会发生信心软弱的人一同跌倒的现象。

然而真正有信心的圣徒，其信志在任何境遇中都不至摇动，如同雨后的土地变得更加凝实，历经试炼之后，圣徒会变得信心更加牢固，心灵更加善美。而且胜过了试炼，无论是个人还是教会，都必蒙神加倍的赐福。

曾经为主忍耐为主名劳苦并不乏倦的以弗所教会

主针对以弗所教会所提及的称赞之处第四点是"能忍耐，曾为主名劳苦，并不乏倦"。藉着听道醒悟了自己有罪，我们应当即时悔改，努力改正，竭力活出神的道。

信徒中总有一些这样的人，当讲道信息正好指出他们的罪时，他们反而采取排斥的态度，或搬弄是非，蓄意扰乱，使撒但大得试探的机会。即使是这样的人，好牧者也依然会容之于怀，为他们流泪祈祷，恒心忍耐，用生命之道悉心开导。

摩西先知为了从神领受十诫，孤身上山四十昼夜献上禁食祈祷的时候，以色列民居然为自己铸造神像祭拜淫乐，犯了大罪。神就发起烈怒，要灭尽犯罪的百姓，摩西便为百姓流泪向神恳求（出埃及记32章31、32节）。

使徒保罗因传福音的缘故遭棍打，下监牢，历尽艰险，饱受苦难，但他依然为耶稣基督的名甘心忍耐，存心顺服。以弗所教会的牧者也为主的名劳苦，忍耐，并不乏倦，所以蒙得主的称许。

懒散的牧者不祷告，因为不祷告，所以在与仇敌魔鬼、撒但的属灵争战中无法保守主所托付的羊群，更无法拯救迷失的羊。只有殷勤的牧者，才会倾注热心照料自己的羊群，竭尽忠诚履行主所托付的使命。如今教会的带领者都当活出这样的牧者形像。

尤其在这被罪恶所充斥的末时，要把羊群领入天国，必须要付出无尽的忍耐和牺牲。针对那些尽管殷勤用真理开导引领，显现许多可信的凭据，仍迷恋世俗，在黑暗中行的灵魂，作为牧者应当更以哀恸流泪的祷告，为他们代求。常为众圣徒牵肠挂肚，焦心劳思，刻不释怀；倾心关爱，殷勤照料，刻不松懈。

当今世代，越来越多的信徒附和世俗化的思潮，他们歪曲真理的福音，借托所谓"宽容"与"和谐"之名，迎合甚至妥协世俗风气，因而在圣工上我们需要付出更多的忍耐与牺牲。对主的信仰真实虔诚的人，任何试探或逼迫，都不能拦阻他们活出"常常喜乐"，"凡事谢恩"的信仰境界；他们恒心忍耐，殷勤祷告，从不乏倦，为所托付与自己的使命尽忠竭诚。

主对以弗所教会的责备之处

"然而,有一件事我要责备你,就是你把起初的爱心离弃了。所以应当回想你是从哪里坠落的,并要悔改,行起初所行的事。你若不悔改,我就临到你那里,把你的灯台从原处挪去。"
(启示录2章4、5节)

以弗所教会过去的一些行为表现得到主的称赞,包括他们为了持守真理所付出的劳碌、忍耐;不容忍恶人;试验自称为使徒却不是使徒的,看出其虚假,以及为主的名劳苦,并不乏倦等。即便如此,以弗所教会后来还是受到主的责备。

以弗所教会离弃起初的爱心

　　以弗所教会曾经蒙主的称赞，但后来因离弃起初的爱心，远离起初的行为，受到了主的责备，甚至受到主严厉的警戒——"你若不悔改，我就临到你那里，把你的灯台从原处挪去。"以弗所教会因离弃了起初的爱心受主的责备，那么是什么原因导致他们至于这种地步？

　　约翰福音14章21节记载："有了我的命令又遵守的，这人就是爱我的；爱我的必蒙我父爱他，我也要爱他，并且要向他显现。"约翰一书5章3节说："我们遵守神的诫命，这就是爱他了，并且他的诫命不是难守的。"

　　以弗所教会的牧者与圣徒，起初爱神热诚，勤作弃罪的工夫，力行神的话语。他们不辞辛劳恒心忍耐，感恩喜乐克服逆境，活出常常得胜的信仰。然而他们随着时间的推移，渐渐远离真理的道路。从某时起，起初的爱心渐渐冷淡，聚会的热心渐渐衰退，甚至停歇祷告，不努力活出真理，沉迷世俗越陷越深。

　　大多数人都有这种经历，信主之初经历神恩，领受圣灵且被圣灵充满，心中洋溢着前所未有的喜乐。无需别人催促，殷勤参加各种礼拜和聚会，恒心热切地祷告；对天国和地狱深信不疑，迫不及待地向父母、兄弟、亲戚、朋友、邻舍传所信的福音；与主内的弟兄相聚倍感温馨幸福，切盼主日，渴慕听道。

但不知从何时起,起初的爱心所发的热心渐渐消失,不能用心灵和诚实敬拜神,参加礼拜只是出于应付,在敬拜或祷告时常常被困倦所胜打起瞌睡。与罪相争也觉力不从心,渐渐与世俗妥协,甚至重拾旧习复染罪污。

各位读者,在此我们应当对自己的信仰进行反思。起初接主在心领受圣灵之时,心中激荡着对主的爱慕之情,但有多少人能够扪心无愧地坦言自己起初的热心和爱心一如既往,从未减退或改变?是否想当然地认为远离起初的爱心是一种无奈的选择?

然而,主责备那些离弃起初的爱心的人,并告诫众人说:"应当回想你是从哪里坠落的,并要悔改,行起初所行的事。"意思是:应当回顾反省,找到使自己低落的起头和根因,诚心悔改,重拾起初的行为,即恢复起初的热心和圣灵的充满。

离弃起初的爱心之根因

经历相识到热恋的过程,恋人终成夫妻,成为一体。然而随着岁月的更替,夫妻之间的感情往往渐变冷淡,往日的激情荡然无存,原因在于离弃了起初的爱心。若能恒定持守最初的纯情挚爱,夫妻之间的感情一定不会出现裂变或危机。

我们对父神和恩主的爱也是同理。有人抱怨自己因与某个圣徒产生不和而跌倒;有人强辩自己经不起赚钱的诱惑,主日礼拜缺席一次两次,后来身陷连主日都守不住的地步。还有的人称某位主的仆人成为他的绊脚石；或有的人因觉得证道信息不合自己的想法和观念，心中起疑，后来入了撒但的迷惑。

然而起初的爱心冷淡甚至消失的最大的原因，正是在于初信之时尚能殷勤作弃罪的工夫，后来却又沾染非真理。即使是一个被圣灵充满，信仰火热的人，一旦恋慕起世界，放纵情欲，很快就会沉溺于世俗的污秽。

> "不要爱世界和世界上的事。人若爱世界，爱父的心就不在他里面了。因为凡世界上的事，就像肉体的情欲，眼目的情欲，并今生的骄傲，都不是从父来的，乃是从世界来的。"（约翰一书2章15、16节）

有这种类型的人，起初对主满有热心，并且努力作"心里的割礼"，然而，经过一年，两年，数年之后，回想起来觉得自己信仰阅历虽然不断加深，属灵生命却不见长，似乎一直原地踏步；好像类似的熬炼还在不断重复；以为已经彻底根除的恶性，不料复又以某种形态呈现。

于是心里感到忧苦愁闷，产生想休息的念头，试图从世俗的宴乐中获取安慰。他们为自己辩护：只是暂时放松一下，休憩一时，然而一次两次的妥协，使自己不知不觉中沾染世俗的风气，终至无法自拔的地步。

若不悔改就把灯台从原处挪去

属灵的问题不是靠世俗的方法所能解决的。如信心成长停滞的问题，必须从属灵的层面寻找解决方法和途径，应当更加迫切地祷告，寻求神的恩典与属天的能力，以及圣灵的帮助。

为此须"回想自己是从哪里坠落的"，并要悔改归正。应当拆毁因离弃起初的爱心和起初的行为所形成的与神隔断的罪墙，好使自己重蒙神的恩典，重获属天的力量，可以带着充沛的灵力，直奔天路。悔改要到撕心裂肺的地步，不能简单应付，敷衍了事。

"父神为我舍了独生爱子，主因着不变的慈爱甘心为我背负十字架，受尽蔑视、嘲弄和苦痛，我怎能这样背弃主的爱和恩典！"

应从心底里发出这样的懊悔并要结出与悔改的心相称的果子来。应当脱离现今的消极低落的信仰状态，重拾起初原有的充满恩典与真理并满有圣灵恩膏的火热信仰状态。

对离弃起初爱心的以弗所教会，主予以严厉的责备，并催促他们悔改。同时警戒说："你若不悔改，我就临到你那里，把你的灯台从原处挪去"。这里"灯台"是指教会，"挪去灯台"大体表明两层含义。

"挪去灯台"即指从心里挪去圣灵

"挪去灯台"的第一层含义是：从个人心里挪去圣灵。哥林多前书3章16节说:"岂不知你们是神的殿,神的灵住在你们里头吗?"我们的身体是圣洁神的殿。"挪去灯台"意即挪去"教会"、主的身体——圣殿,更进一步说就是表示要收回住在我们里头的圣灵。

神告诫我们说:"不要消灭圣灵的感动"(帖撒罗尼迦前书5章19节),并宣告:"若有人毁坏神的殿,神必要毁坏那人,因为神的殿是圣的,这殿就是你们"(哥林多前书3章17节),意思是:信徒的身体是神的殿,凡败坏自己身体的,就是毁坏神的殿,这样的人,神说要"毁坏"他,意即把圣灵从他心里收回,从此他们不再是圣灵内住的圣殿。

总而言之:即使领受圣灵的内住,若离弃起初的爱心,转而迷恋世界,重染罪污,失去了"圣殿"的功用,圣灵就不能继续住在其里头。人若在圣灵的感动彻底消灭之前进行悔改,神必再次施恩,使他获得赦罪的机会。但若不肯认罪悔改,继续任意妄为,突破公义的底线,神必将圣灵从他心中挪去。

在此过程中,内住的圣灵不断地向人点醒、启悟。此时,人由于感应圣灵的叹息,心里会觉得忧苦愁闷。若是仍不回转,神就从他身上收取圣灵,从此便是彻底与圣灵的帮助绝缘。虽因懂得属灵的知识,渴望转离恶道,却是力不从心,因为圣灵已经离开,再也得不到圣灵的帮助。

于是转恋世界,放纵肉体,以求心灵的快慰,导致在罪恶的泥潭里越陷越深,无法自拔。人到了这种地步,很难重获悔改的机会，若没有超乎公义的爱的牺牲，注定落入永死的境地。领受圣灵的神的儿女，万不可颓废到这种"灯台"被挪去的地步。

"挪去灯台"指从教会中挪去圣灵

"挪去灯台"的第二层含义是：从教会中挪去圣灵。"挪去灯台"不仅关涉到个人层面。一个教会若是离弃了起初的爱心，圣灵便不再运行于教会中，教会的发展停滞，逐渐转向衰退。

当今世界有很多教会同属此类，开创之初向神恳切呼求，信仰积极火热，可是发展到一定程度后，起初的热心却逐渐减退，原有对祷告的热心、传道的殷勤已是无迹可寻，停止聚会也习以为常。

圣灵的作工止息，教会终至灵里沉睡，圣灵的运行一旦停止，以后就很难重燃祷告之火，很难恢复圣灵的充满。离弃了起初的爱心，神必从他们挪去灯台，从此圣灵就不在他们中间运行作工。

没有圣灵运行的教会，很快便被撒但掌控，教会里分门结党，纷争四起，终至濒临毁灭的地步。就算不到这种地步，圣灵的作工停息的教会，已是丧尽了作为教会应有的功用。

因此，生活在这末时的教会和圣徒们，更当遵着"万物的结局近了，所以你们要谨慎自守，警醒祷告"（彼得前书4章7节）的经训，警醒自守，虔诚信仰。若是丧失了起初的爱心，就当即时悔改归正，免得陷于被神"挪去灯台"的悲剧。

主对以弗所教会的劝勉及应许

"然而,你还有一件可取的事,
就是你恨恶尼哥拉一党人的行为,这也是我所恨恶的。
圣灵向众教会所说的话,凡有耳的,就应当听。
得胜的,我必将神乐园中生命树的果子赐给他吃。"
(启示录2章6、7节)

　　主对以弗所教会首先是称许,接着是责备,最后又留下一句嘉许之言。这就是神的智慧。其实主对这个离弃起初爱心的教会牧者和圣徒的责备之言并不轻微。

　　"挪去灯台",从个人层面上讲,意味着他们记在天国生命册上的名字会被涂抹,不能得救;从教会层面上说,指的是教会里圣灵的作工要停息,作为主身体的教会,彻底丧失履行本然之使命的能力，已经名存实亡。

当他们听到这些警训时，震惊之大可想而知！如果对一个前来咨询的圣徒说："神要从你收回圣灵，你将不得救"，恐怕很难承受这种冲击震荡，心灰意冷，气馁不振。

以弗所教会也不例外，于是主严厉责备以弗所教会的牧者和圣徒后，转口提起一件可取之事加以称许嘉勉，使他们不至灰心丧气，反得激励慰勉，能够重新懊悔，回转归正。那件可取之事就是以弗所教会"恨恶尼哥拉一党人的行为"。

以弗所教会恨恶尼哥拉一党人的行为

"尼哥拉一党"指得是初代教会选立的七位执事之一尼哥拉诱引拉拢结伙的同党徒众。时下神的道大得兴旺，初代教会取得迅猛的发展（使徒行传6章7节），使徒们为了专注于传道和祈祷，在圣徒中拣选七人立为执事，派他们管理教会诸般事宜。

使徒行传6章2-4节："十二使徒叫众门徒来，对他们说：'我们撇下神的道去管理饭食原是不合宜的。所以弟兄们，当从你们中间选出七个有好名声、被圣灵充满、智慧充足的人，我们就派他们管理这事。但我们要专心以祈祷传道为事。'"

十二使徒招聚众门徒，商定选立圣徒中被圣灵充满、智慧充足的七个人作执事，替他们料理周济帮扶等教会事宜，尼哥拉就是其中一人。这个尼哥拉执事起初信心充足，灵恩充溢，后来居然迷失真道，深陷信仰误区。

尼哥拉所鼓吹的论调是：人里头的灵是纯净的，是圣洁的。犯罪的是外面的身体，里头的灵与罪毫不关涉。人死后，罪身便腐朽并归为尘土，因此人不论犯什么罪，其罪只在乎体，不在乎灵，因此等主来的时候，灵魂照样得救。

然而圣经明说：即使人接待耶稣基督作个人的救主，若又重染罪污，继续犯罪作恶，圣灵的感动便会消灭。并警戒说：当人得知真道以后，若是离弃道理，故意犯罪，把神的儿子重订十字架，明明地羞辱主名，就不能叫他们重新懊悔。

> "论到那些已经蒙了光照、尝过天恩的滋味，又于圣灵有份，并尝过神善道的滋味，觉悟来世权能的人，若是离弃道理，就不能叫他们重新懊悔了，因为他们把神的儿子重钉十字架，明明地羞辱他。"（希伯来书6章4-6节）

尼哥拉的论调显然是歪曲神的道，以似是而非的谬理邪说蛊惑人心。人要遵行神的道，需要付出劳碌和忍耐，然而他们却宣称：人犯罪也能得救。这种说法，对那些贪爱世界，活在黑暗中的人而言，是极具诱惑力的。甚至有可能使一个本来努力弃罪追求圣洁的人迷了心窍，重陷世俗的泥潭。

教会里若有散布此类邪说的人并有附和随从的徒众，罪恶便迅速在教会中蔓延和渗透。现今那些歪曲真理之道，强解神的旨意,以混淆是非的教训蛊惑信众,把众人引向罪恶的种种行径,就与"尼哥拉一党人的行为"同属一类。

即使是在教会身负重任,被圣灵充满,在信徒中有威望的人,全然进入属灵境界之前,都存在受撒但的迷惑,脱离真道的可能性。故我们应当警醒祷告,免得入了撒但的迷惑。

作为神的儿女,理当像以弗所教会恨恶尼哥拉一党人的行为那样,恨恶一切与神相悖之事,但关键是要将神的道作为唯一的判断标准,凡事作出准确的分辨。当人离弃了起初的爱心,心中滋生骄傲,就很容易犯下亵渎圣灵的罪。肆意论断和屈枉污蔑那些圣灵运行同工的教会为异端,这在神面前乃是重罪,会造成极大的罪墙。

向得胜之人所应许的救恩

听了神的道,我们的信仰不能只停留在知识层面上。要想成为得胜的人,必须凭靠圣灵的帮助,把道铭刻在心并且谨守遵行,使圣道在我们生命中生根发芽,开花结果。这里"得胜"是指恢复起初的爱心,重新活出真理。

听了神的真道,凭靠圣灵的帮助,把所听的道铭刻于心并谨守遵行的人,必能胜过这罪恶满盈的世界。因此"得胜"的人,是指恢复起初爱心的人,主对这样的人说:"……我必将神乐园中生命树的果子赐给他吃。"(启示录2章7节)

生命树的果子遍布天国各处,从乐园到新耶路撒冷随处可见。

那么在这里主为何特指着乐园说"我必将神乐园中生命树的果子赐给他吃"？这里"乐园"具有两种意义。

第一是指天国最底端的居所，表示得居乐园。天国的住处层次分明，得进哪一层次的住处取决于各人信心的大小。与耶稣同钉十字架的一个强盗，临死前认罪悔改而得到救恩，并蒙永居乐园的应许。表示以弗所教会众信徒若是从离弃起初爱心的状态中悔改归正，就可以获得救恩，但论其信心水准，只够勉强得救。

不过他们若是查出自己坠落的根因，诚然懊悔，积极改正，并在此基础上竭力向往灵里进深，就有可能进入比乐园更美的天国住处。若是只停留在对离弃起初的爱心做出悔改的程度，那么他们所得到的结果只能是勉强得救，抱愧于心，仅仅承受乐园作为自己的永居之所。

第二是代指整个天国。这一讯息并非单为以弗所教会所赐，这是关乎普世所有教会的应许：凡恢复起初的爱心而得进天国的，都能享用生命树的果子。

神因着慈爱切愿众人恢复起初的爱心

正如经上说"耶稣基督昨日今日一直到永远，是一样的"，主以永恒不变的爱来爱我们这些作神儿女的。然而人心诡诈多变，很多人顺着私欲贪婪和易变的"肉"性，轻易背离主的爱。这是起初的爱心渐渐衰退变质的后果。

即使是这样的人，只要诚然悔改，重拾起初的爱心，恢复起初的行为，满有慈爱的神必不向其掩面，更不会追讨他的过错。而是不再记念他的过犯，反以不变的慈心，照旧施爱与他。

以弗所教会因有可取之处而蒙主称赞，但又受到主"要挪去你灯台"的严厉警告，原因在于他们离弃了起初向主的爱心。主责备以弗所教会并非意欲使他们在恐惧绝望中沉沦，而是旨在使他们趁早悔改归正，成为得胜的人，将来同享神国的尊荣。

神旨愿祂的儿女脱去罪恶，日渐成圣，活出真理，信心境界不断加深。我们在全然成圣之前不能掉以轻心，放松警觉，因为撒但时常引诱和试探，若不警醒，随时都有可能入了迷惑，离弃起初的爱心。

若总是怀有"我曾多么热情，多么勤恳"的自满自傲的心态，是很难获得灵性觉醒的。即使有可嘉之处，也当持有"我们是无用的仆人，所作的本是我们应分作的"这种谦卑的姿态，才能顺着圣灵的点醒和劝导，做出真诚的悔改，重拾起初的爱心，恢复起初的行为。

我们当查验自己起初对父神和恩主的热爱是否有所减退，并要及时回转，重拾昔日的热忱，使爱主的心日益加深，甚至比起初更为热切而深浓，使所行的一切尽得神的喜悦。

第二章

忍受信心的试炼，
胜过世界的士每拿教会

经历坡旅甲的殉道，

遭受许多逼迫患难的士每拿教会，

是七个教会中唯一一个既未受称赞，

也未受责备，只受劝勉的教会。

又蒙主的应许：在百般的试炼中，

只要为主至死忠心，必得生命的冠冕。

这是对如今为主名受苦的众教会和圣徒，

以及将来进入"福音的荒原"——北朝鲜，

彰显神权能的教会和圣徒所赐的信息。

———— 启示录2章8-11节 ————

⁸ "你要写信给士每拿教会的使者说,那首先的、末后的、死过又活的说:

⁹ 我知道你的患难,你的贫穷(你却是富足的),也知道那自称是犹太人所说的毁谤话,其实他们不是犹太人,乃是撒但一会的人。

¹⁰ 你将要受的苦你不用怕。魔鬼要把你们中间几个人下在监里,叫你们被试炼,你们必受患难十日。你务要至死忠心,我就赐给你那生命的冠冕。

¹¹ 圣灵向众教会所说的话,凡有耳的,就应当听。得胜的,必不受第二次死的害。"

主给士每拿教会的信

"你要写信给士每拿教会的使者说,
那首先的、末后的、死过又活的说:"
(启示录2章8节)

　　士每拿是欧洲文学史上最古老的史诗《伊利亚特》和《奥德赛》的作者荷马的出生地,犹太人很早就在此地定居生活。它也同以弗所那样,时为闻名遐迩的商贸重镇,祭偶像的神庙到处林立,是皇帝崇拜的中心。

　　当时的士每拿人称罗马皇帝为主(Kurios),相信世界上只有这一个皇帝。然而基督徒认定唯有耶稣基督是万有的主宰,而不是罗马皇帝。他们要坚持这一信仰宗旨,必须付出舍命的代价,因为当时士每拿勾结罗马政府对基督教进行残忍的迫害。

士每拿教会的监督、使徒约翰的门徒——坡旅甲被捕后,罗马总督劝他说"只要你开口咒骂基督,承认皇帝为主神,我就释放你"。坡旅甲以决然的口气应道:"在我一生中,主从未亏待过我,我怎么能开口毁谤我的王,我的救赎主?"

他坚称耶稣基督是独一无二的救主,终遭火刑,慷慨就义。燃烧一时,终将熄灭的烈焰,夺不走他对主的信仰。

首先的、末后的、死过又活的主

主写给士每拿教会的信中称自己为"那首先的、末后的、死过又活的"。启示录多处提到有关主的代称,如"我是阿拉法,我是俄梅戛";"我是首先的,我是末后的";"我是初,我是终"等等,似乎意思差不多,但各有各的属灵蕴意(启示录22章13节)。

首先,"我是阿拉法,我是俄梅戛"表示主是一切文明的开端和终结。使徒约翰撰写启示录的时代,辉煌灿烂的希腊文明仍发挥着巨大的影响,"阿拉法"和"俄梅戛"乃希腊字母首末二字,是当今世界性语言——英语字母的渊源。文字是人类表情达意、沟通交际的手段,是传播智慧和知识的载体,也是文化和文明发展的基础。

神是智慧和知识的开端。人类文明的发展根源于神赋予人类的智慧和知识。发展至今的文明,也要随着主降临到这地上而告终。希腊文明是世界古代文明的一个重要代表,主藉着希腊文字的首末两个字母来表示祂自己是文明的开端和终结。

主又称"我是初,我是终",表示祂自己是神对人类耕作的初与终。正如经上所记"万物是藉着他造的;凡被造的,没有一样不是藉着他造的"(约翰福音1章3节),万物是藉着耶稣基督造的。在地上耕作人类之工程的起始和完结,也是藉着耶稣基督所成就的。

在传与士每拿教会的训言中,主称自己为"首先的、末后的、死过又活的",那么,其中所蕴含的灵意是什么呢?

"首先"指主是死人中第一位复活者。罗马书5章12节说:"这就如罪是从一人入了世界,死又是从罪来的;于是死就临到众人,因为众人都犯了罪。"亚当犯罪后,受其罪恶之遗传的后代子孙,亦即全人类皆因"罪的工价乃是死"(罗马书6章23节)这一灵界的法则,注定了永死的命运。

为了代赎人类的全罪,拯救人类脱离死亡,神的独生子耶稣在十字架上流血舍命。从此,凡接待耶稣基督作自己救主的人,罪蒙赦免,脱离死亡,进入永生。耶稣因丝毫无罪,死后第三天复活得胜,成为信徒复活初熟的果子(参照《十字架之道》)。

"末后"是指主降临在空中的时候。主降临空中的时候,神对人类的拯救圣工必要完结。信主而死的人,还有活着迎见主的人,在主降临空中的时候,都要复活或被提。

当然,七年大灾难期间还有"捡穗式拯救",但主降临到空中时,拯救的圣工将彻底了结,圣灵的时代也要拉下帷幕。由此,主降临到空中的时候便是最终收获复活果实的"末后"。

为复活创始成终的主，并称自己为"死过又活的"，表示祂被钉死在十字架，第三日从死人中复活。耶稣的复活是真实事件，是我们信仰的核心构成部分。

因为我们唯独心里相信耶稣基督的复活方能得救，正如罗马书10章9节所说："你若口里认耶稣为主，心里信神叫他从死里复活，就必得救。"

目击主复活的门徒们和初代教会的众圣徒

如今有很多基督徒对主的复活没有确信，虽涉足教会，心中却无存赖以行道的信。

耶稣与门徒同工三年之间，行了许多奇事和神迹，充分显明祂是神子的确据。并预言祂将被钉于十字架受死，第三天打破死亡权势从死里复活。然而，当耶稣被捕，被钉十架受难时，门徒都因恐惧，四散奔逃。

首徒彼得虽曾宣告"我就是必须和你同死，也总不能不认你"，然而面对险情他也不胜恐惧，居然三次不认耶稣。那时门徒还没有领受圣灵，故没能从心里相信耶稣死而复活的预言。

一夜之间门徒身上发生了巨大变化。曾经由于贪生怕死惶惶弃主逃命的门徒们突然变得截然不同，他们不以性命为念，放胆见证耶稣基督，直至为主舍命殉道——有人投身狮口；有人遭受斩杀；

有人残遭锯刑；还有一人承受十架酷刑，且自愿倒挂其上慷慨就义。

他们之所以能够不畏殉道之苦痛，至死见证主的福音，是因为他们曾亲历主的复活。他们亲眼目睹死而复活的主，心中充满了对复活的确信与盼望，便能战胜死亡的恐惧，甘心为主献出自己的生命。

不仅主的门徒如此，那些亲眼目睹主的复活和升天的初代教会的圣徒们也活出了同样的信仰。他们满怀复活的确信与盼望，不惜付出流血牺牲的代价，甘心为主舍命殉道，使得基督教在罗马政府的残忍迫害中也能够迅速传开，最终成为罗马的国教。

如果没有亲历主的复活，并在心里相信，他们怎能胜过那种残忍的逼迫和痛苦，把信仰持守到底！因为亲眼目睹主的复活，门徒们才能够放胆宣讲主的福音，而且他们见证主的复活不单凭言说讲论。

正如马可福音16章20节所说"门徒出去，到处宣传福音。主和他们同工，用神迹随着，证实所传的道。"由于门徒和使徒们常有超乎人能力的神迹随着，使众人信服他们所讲的福音。

主复活的历史佐证

耶稣是真实的历史人物，是有史料根据的。世界史以公元元年为界，划分为前后两大时期，公元元年便为耶稣基督的诞生之年。

表示公元前的B.C.是英文 Before Christ 的缩写，意为基督以前的历史；表示公元后的A.D为拉丁语Anno Domini的缩写，意为主的年代，即主基督的降生年份为公元元年。

耶稣诞生之年份作为世界历史的分界点，这正是耶稣降世为人，曾在地上生活过的不容置疑的佐证。此外，以色列的历史印证耶稣在十字架上受死及其复活的真实。

耶稣降世的时候，以色列正处在罗马的殖民统治之下。基于古罗马辉煌的文明和发达的文字普及，历史文献中留下诸多有关耶稣受难及复活的记录。彼拉多禀呈罗马皇帝的有关耶稣案件审理的述职信函中，详述耶稣受难的始末全程，如今被土耳其伊斯坦布尔索菲亚大教堂收藏。仅这几件例证，足证耶稣复活是真实的历史事件，可以更加坚固众人对复活的盼望。

"首先的、末后的、死过又活的"主，向士每拿教会所传递的这一信息，旨在造就全世界与士每拿教会同处一个生命光景的教会和圣徒。

主对士每拿教会的训诲对现今世代的启示

主对士每拿教会的训诲，关系到将来进入福音传播被严禁的国家北朝鲜，行权能神迹的众传道者。历经6.25战争的浩劫，饱受南北分裂的创痛，过了50多年的今天，我们依然与北边的父母、兄弟、亲人、同胞隔别思牵。

罗马书9章3节中使徒保罗说："为我弟兄、我骨肉之亲，就是自己被咒诅，与基督分离，我也愿意。"可见他对自己民族同胞的救恩怀有深沉的忧虑，这不仅是他对神向着自己选民深切怜悯的内心感悟，也是他对自己民族和同胞一腔热心和深情挚爱的自然流露。

当北朝鲜宣教之门打开，照着神的旨意，许多宣教士和同工将抱着对同族同胞的深情挚爱进入北朝鲜见证主的福音。踏上这块国土，经济条件、现实环境也许比预想的还要艰难，要忍受重重逼迫与苦难，甚至还会面临殉道的境遇。

随着时间的推移，逼迫和患难愈发加重，入北传教的使命者将面临"继续留北，还是返韩"的两难抉择。但只要持定灵性的"富足"，任何环境状况都不足畏惧。

灵性富足，即指如哥林多后书6章10节所说："似乎忧愁，却是常常快乐的；似乎贫穷，却是叫许多人富足的；似乎一无所有，却是样样都有的。"心中充满对天国的盼望，一心向往天上的赏赐，信心充足，圣灵充满。唯独凭靠神恩赐的富足的灵性，才能战胜逆境，完成神所托付的使命。

在"福音的荒原"将受的苦难

在进入北朝鲜传道的宣教士中，一些人将极力毁谤神的工作。他们也曾立志为主舍己献身，背井离乡来到异国他邦，理应同心合力，相扶互勉，生死与共，专心致力于传福音的圣工，可是他们出于嫉贤妒能，专事亵渎毁谤，给神的圣工带来重重阻挠。

在耶稣时代的犹太社会中，处在领导地位的大祭司、祭司长和文士们，因耶稣行神的大能，传天国的福音而生嫉妒愤恨，拿曲解律法铸就的固框和自义论断耶稣，并定祂的罪，想方设法陷害祂。

将来奉差进入北朝鲜宣教的众人也要经历类似的状况。当好些人兴起宣讲生命之道并彰显权能神迹时，那些本应同道共勉的外部宣教士们反而妄加亵渎和毁谤。然而传道者们本着良善和诚信胜过这一切的拦阻，权能便在他们身上显出更大的功效。

神曾启示我说，将来必有宣教士们的毁谤，更有来自国家政权的迫害。到时候，北朝鲜迫于国情之需要必会暂时开放门户，届时会有许多人抱着宣教的异象，踏上这片土地。

不久后，北朝鲜将出于维护政权体制的考虑再次关闭国门。他们把神的权能看作"威胁"他们的政权体制的"最大隐患"之一。宣教士中有传讲生命之道，并行出人所不能行的权能神迹的，一段时间政府对他们暗中戒备监视，但见其权能的威力越发显大，就开始采取逼迫的手段，企图阻止圣工的发展。

最后强行取缔权能彰显的教会，并将该宣教士及其同工逮捕监禁并罗织处死他们的罪名。因为单从宗教问题上捏造处决的罪名，必将引起国际社会的高度关注和强烈谴责，定会强加诬陷扣上适合的处决罪名，酝酿行刑时机，在此期间传道者们在狱中承受苦难。

对此启示录2章10节说"你将要受的苦你不用怕。魔鬼要把你们中间几个人下在监里,叫你们被试炼,你们必受患难十日"。这里"十日"并非指他们在狱中受苦的具体日期,乃是指当局从酝酿阴谋捏造罪名到最终判刑处决几个人的这段时期。

殉道者的赏赐与尊荣

亲历他们因信就义的北朝鲜当地民众中,将兴起许多怀着殉道之觉悟投身福音圣工的人。抱着殉道的心志入北宣教的外来支援固然重要,但当地民众归信福音,信心和殉道的心志一齐成长,自觉自发地参与福音圣工,更是一股强大的动力。几个人的殉道,将在内部点燃传道之火,成为北朝鲜宣教的"起爆剂"。

但并非所有参与北朝鲜宣教的人都要经历殉道。预备为主殉道的只有其中几名,不过他们殉道与否,仍取决于各人自由意志的选择。

为主的名殉道绝非易事,若像使徒保罗那样,在患难和逼迫中也能够活出喜乐、感恩的信仰,并能得胜有余,将来在天国里所要得的称赞、赏赐和尊荣是极大的。除了因殉道而得的赏赐以外,他们还会得到神照他们殉道的果效所赐的丰厚的奖赏,在他们殉道之影响下必有许多人得蒙救赎之恩。

在"福音的荒原",能够为主所托付的使命奉献自己,至死忠心,这是何等佳美、何等荣耀的事!所以要一心想望所要得的赏赐和荣耀,不畏逼迫患难,放胆传扬主道。

主对士每拿教会的劝勉

"我知道你的患难,你的贫穷(你却是富足的),
也知道那自称是犹太人所说的毁谤话,
其实他们不是犹太人,乃是撒但一会的人。
你将要受的苦你不用怕。
魔鬼要把你们中间几个人下在监里,叫你们被试炼,
你们必受患难十日。你务要至死忠心,
我就赐给你那生命的冠冕。"
(启示录2章9、10节)

　　士每拿教会是七个教会中唯一既未受称赞,也未受责备,只得了劝勉的教会。主针对士每拿教会的教训中包含着极为重要的内涵,包括遭遇试探患难的原因、"撒但一会"的本质,乃至"生命的

冠冕"授予的对象等等，与信仰生活息息相关而且必不可少的重要讯息。

士每拿教会遭受患难与贫穷

主指着处于患难和贫穷的士每拿教会说，"你却是富足的"。即使是一个陷于患难和穷乏之境地的人，只要接受耶稣基督，虔诚信主，就必蒙神的保守和赐福，脱离穷困，得居富足。

那么，士每拿教会既然信神，为什们还要承受患难和贫穷呢？信主的人所受的患难，看似同世人所遭遇的没有区别，但在主里面所承受的患难，只要凭着信心通过，就可获得灵魂兴盛的福分，并为自己积攒天国的奖赏。

信的人所受的患难，大致分为两大类：一是因信主的缘故所经受的逼迫患难，一是因没有遵行神的话而遭受的困苦患难。

然而有的人遭受患难是因违背主道所导致的，却自以为是为主的名而受的。有些人的患难是因缺少智慧所招致的，却想当然地认为自己是为主的名忍受逼迫苦难。

因信耶稣基督所受的患难

因信主的缘故而受的患难，是为义而受的，神必以相应的美福报答他。如来自家人的逼迫，或来自周围人如学校或公司里不信的同学、同事的逼迫等等。

比如，周末照常陪同家人踏青出游的人，信主以后一到主日必去教会参加敬拜，不信的家人自然感到不满，就加以逼迫。此时信主的人只要遵照神的教导，对家人更施以诚挚的关爱和服侍，神必动工，使他的家人受到触动，欣然领受所传的福音，逼迫自然就止息了。

如果一个人信主多年仍处在逼迫与患难之中，这人应该省察自己受苦是不是因为缺少智慧所致。当人灵恩充溢时，自然心中喜乐。此时应当注意节制，保持冷静和理智，免得言行不当或不合时宜，令还未归信的家人反感。只要稍加留意，本着善心机智行事，就可以免受不必要的逼迫。

除了这种逼迫以外，还有神人，即合神心意的人所受的患难和逼迫，如摩西、以利亚、耶利米、以赛亚等先知；还有保罗、彼得、约翰等使徒，他们在世受了许多逼迫与患难。他们爱神胜过一切，并且又蒙神的厚爱，却为了父神，为了恩主，为了神国和众灵魂，甘心忍受百般的苦难。

马太福音5章11、12节说："人若因我辱骂你们，逼迫你们，捏造各样坏话毁谤你们，你们就有福了。应当欢喜快乐，因为你们在天上的赏赐是大的。在你们以前的先知，人也是这样逼迫他们。" 因一心想望在天上所要得的赏赐，面对逼迫患难他们不以为苦，更不以为耻，倒以为大喜乐。

因不行真理遭撒但的控告而受的患难

还有的人遭受患难，是因为不遵行神的道而遭撒但的控告。我们接待耶稣基督作个人的救主，就可获得神儿女的身份地位，并成为天上的国民（腓立比书3章20节）。成了天国的子民，应当遵守天国的法度，才能蒙神的保守并丰盛的赐福。

然而违背神的法度，则必遭到仇敌魔鬼的指控。在仇敌魔鬼看来，这些归信福音的人曾经都是受牠操控的黑暗之子，后来弃暗投明，归主名下，转成神的儿女。魔鬼岂肯善罢甘休，想方设法叫人离弃真道，重归自己辖制。于是极力要从神儿女们身上找到控告的把柄，带来试探和患难。

在这类试探、患难的境遇中，有的人认为自己是被神试探，受神责打。然而，雅各书1章13节说："人被试探，不可说：'我是被神试探'；因为神不能被恶试探，他也不试探人。"神不会试探人，更不会带给患难。

人遭受试探、患难的原因无非是"被自己的私欲牵引、诱惑"（雅各书1章14节）而违背神的诫命，犯罪作恶。犯了国法，必受法律的制裁，违犯神的律法，同样也要承受相应的责罚。

神是公义的，神的儿女犯罪，遭到魔鬼的指控，神必须许可仇敌魔鬼、撒但将相应的试探和患难带给神的儿女。其实这是神爱的体现。

雅各书1章15节说："私欲既怀了胎，就生出罪来；罪既长成，就生出死来。"罗马书6章23节说："罪的工价乃是死"。神若是对犯罪作恶走向死亡的儿女置之不顾，结局会如何呢？满有慈爱的神，宁可采取责罚的方式，也要挽救沾染罪污走向败坏的儿女。于是允准撒但的控告，并许可撒但带给人相应的试探和患难，叫人借此醒悟自己的罪并悔改归正。

对于神如此之爱，希伯来书12章5、6节道："你们又忘了那劝你们如同劝儿子的话，说：'我儿，你不可轻看主的管教，被他责备的时候，也不可灰心。因为主所爱的，他必管教，又鞭打凡所收纳的儿子。'"

因此，面对试探、患难，我们应当深省其根因，若查出哪里有错，就当立刻懊悔改正，便可重蒙主爱复享恩福。

贫穷的原因

士每拿教会因为信主的缘故遭受患难与穷苦。神的儿女只要虔诚信主，遵行主道，灵魂便得兴盛，灵魂兴盛必随凡事兴盛，身体健壮，资财丰盛的美福。但偶有一些人像士每拿教会那样，经受穷乏之苦。他们尽管比信主之前更加勤奋、诚实，却在公司里遭受逼迫或不当待遇。还有人为了全守主日而辞掉固定工作，另谋职业。

这可能导致经济上的困难，但不过是暂时的，因为这是为了持守对主的信仰而受的。若是照主的教训恒心善待那逼迫自己的人，必使对方感愧于心，俯首敬服，并且满得主的赐福。

此外还有的人自处穷乏。他们有身份地位，可以享受富足，但因爱神的缘故，甘心为神的国奉献自己的全部，不为己所用。因为爱主至深，感恩图报，他们就这样甘心自处穷乏。

这样的人，必得神欢欣喜悦，蒙获那预备好的大福，在天得蒙无与伦比的丰赏，在地尽享灵魂兴盛，凡事兴盛，身体健壮的美福，故称"你却是富足的"。

你却是富足的

哥林多后书8章9节说："你们知道我们主耶稣基督的恩典；他本来富足，却为你们成了贫穷，叫你们因他的贫穷，可以成为富足。"耶稣是创造万有之神的儿子，是最为富足的，然而祂却降生在马棚里，躺在马槽里。

在世祂常经饥饿，居无定所，多在旷野露宿，正如祂所说"人子没有枕头的地方"。祂自处贫穷，却赎出我们脱离了贫穷之苦。因此信主的人不应该贫穷，理当成为富足，使荣耀归与神。不过，神的儿女要想成为富足，必须遵照申命记28章的教训：留意听从神的话，谨守一切诫命。

"你若留意听从耶和华你神的话，谨守遵行他的一切诫命，就是我今日所吩咐你的，他必使你超乎天下万民之

上。你若听从耶和华你神的话，这以下的福必追随你，临到你身上：……你出也蒙福，入也蒙福。"（申命记28章1-6节）

一个实实在在遵行神的道，在光明中行的人是不会遭遇试探、患难或贫穷的，就算遭遇，也必快速获解。尤其是蒙恩得救的神的儿女，有永远的天家为他们预备，而且随着灵魂的兴盛，在地上必会得蒙凡事亨通的祝福，他们无疑是最为富足充裕的。

受自称犹太人之毁谤的士每拿教会

查考历史，犹太人很早就在士每拿定居，他们与罗马政府勾结，流了很多无辜基督徒的血。犹太人本是神的选民，耶稣在世的时候，他们居然不认这位神子，反而横加逼迫。

当时犹太人领导层——大祭司、祭司长和文士，因耶稣行无人能行的权能，宣传天国的福音，就嫉妒填膺，凭着曲解律法而持定的成见和自以为义的观念，妄加论断、定罪，最终把神子耶稣钉于十字架杀害。

如今也不例外，在信之人中总有一些诋毁圣工的。他们涉历教会，却是徒有教名，只要与自己的观念不合，就妄加论断、定罪，专以嫉妒、憎恨、纷争为事。正如主说"也知道那自称是犹太人所说的毁谤话，其实他们不是犹太人，乃是撒但一会的人"，他们假冒犹太人、假冒神的儿女。

有了信仰虔诚，与人为善的外貌形像，却得不到神的认可，岂不枉然。宣称自己是神的儿女，而言语行为却与神儿女的身份极不相称，那么他就是"自称犹太人"，在末日的审判时，其虚假本质将毕露无遗（马太福音13章49、50节）。

不用等到末日的审判，看他们生命中所结的果子就可以认清他们是何等人。属神的人必结圣灵的果子，顺着真理结出仁爱、和平的果子，无论在言语还是行为上都自然流露出善美品德。若是呈现出嫉妒、论断、定罪、怨恨、纷争的果子，显然是顺服撒但的人。这种顺着撒但的运行而动的人，两个以上勾结成伙，便是所谓的"撒但一会"。

亵渎神国的"撒但一会"

如今很多教会因"撒但一会"深受其苦，备受其害。以弗所书1章23节说："教会是他的身体"，教会是主用血买来的，教会是主的身体。正如哥林多前书12章27节所说"你们就是基督的身子，并且各自作肢体"，凡属教会的任职者乃至全体圣徒都是一个肢体，是主的身体的组成部分。

假如我们身上肢体彼此分门别类，嫉妒纷争，会是怎样的光景！与此同理，本应爱里合一的教会肢体之间互相嫉妒纷争，圣灵就不再其间运行，导致教会里爱心渐渐冷淡，祷告火焰渐渐熄灭，发展停滞，转向衰退。"撒但一会"就是其中最主要的原因之一。

而更重要的是"撒但一会"与我们的生活息息相关，例如：别人说非真理的话，或议论别人时，不经意间附和地搭上一两句，觉得自己并非出于恶意，就没太在意，谁知这不经意的话居然变成无中生有的谣传散布开来。

在把恶性彻底除净之前，我们总不能掉以轻心，因为潜藏心底、未曾察觉的恶性，随时都有可能因着见到某个人或处在某种境遇而激发出来。有的人动辄口中宣泄不平，久习成性；或有的人总以自己的眼光为标准，对人对事一贯持否定态度，工作上不同心，不配合，却对自己的失误永远执迷不悟。

这等人喜欢暗中寻索与自己性味相投的人。与他们交通，很容易为之勾引迷惑，说话之间不经意搭上一两句认同附和之语，就有可能不知不觉中同流于"撒但一会"。故针对这类人一定要警醒防备，不要迎合他们的言语与之连合，反要用真理的话语进行规劝、告诫甚至驳斥。

光明发现，黑暗消退，我们只要遵循真理的教训，非善勿看，非善勿听，非善勿言，非善勿思，撒但一会便在教会里不得立足之地，自然就销声匿迹了。

将来要经受苦难的士每拿教会

主对士每拿教会说他们将来必要受苦，但不用怕。并更具体地说："魔鬼要把你们中间几个人下在监里，叫你们被试炼，你们必受患难十日。"

我们成圣之前难免遇到各种试炼或苦难，但不足为惧，因为神允准这一切，旨在给我们带来灵性和物质上的富足，并引入永生之路。面对为主的名而受的逼迫与患难，我们更不用惧怕，反要欢喜快乐并感恩称谢。即使因未能活出真理而遭受试探与患难，也当以喜乐并感恩的心来应对。

正如雅各书1章2-4节所说"我的弟兄们，你们落在百般试炼中，都要以为大喜乐；因为知道你们的信心经过试验，就生忍耐。但忍耐也当成功，使你们成全完备，毫无缺欠。"的确，试炼会造就我们"成全完备，毫无缺欠"。

主说士每拿教会圣徒中间有几个人将被下在监牢，遭受患难，说这是魔鬼所为。很多人尽管信主时间很长，就连撒但、魔鬼的本质也认识不清，往往混淆两者的区别。可是从圣经的记录，我们可以发现撒但和魔鬼两者有着明显的区别。

撒但、魔鬼的作用

撒但简单说就是邪灵之头目——路西弗的心，魔鬼是路西弗手下服役的灵，两者作用各不相同。撒但将人的意念作为运行介质，挑起恶念，激发恶欲，魔鬼则使人因顺服撒但而成形的恶念和恶欲表现在行动上。换而言之，使人接受撒但之教唆而滋生的恶念表现在行为上，这是魔鬼的作为。

例如：遭人挖苦诽谤时产生不快或者怨恨的意念，这是撒但的工作。撒但向人鼓吹种种恶念，如"真让人恼火，实在忍无可忍"，或"我凭什么受这样的委屈，这种人应该狠狠地骂他几句，不行再给他尝尝拳头的厉害"等等。总之，叫人发动恶念，是撒但的工作，将恶念付诸行动，如开口骂人或动手打人，便是魔鬼的工作，是魔鬼操控人的心意而成的。

路加福音22章3节说："这时，撒但入了那称为加略人犹大的心，他本是十二门徒里的一个。"这里"撒但入了犹大的心"，表明撒但已完全控制犹大的心思意念，也可以说"卖主牟利"的邪念进入了犹大的心。

此外，约翰福音13章2节说："魔鬼已将卖耶稣的意思放在西门的儿子加略人犹大心里"，这并非指魔鬼通过人的意念来作工，而是表示魔鬼彻底套牢了犹大的心。犹大的心完全被魔鬼所控制，以至行出大恶，出卖耶稣。

当然撒但不能任意将恶念注入人的里头，主要是因为犹大的心被恶占满，轻易把自己的意念交给撒但，最终做出卖主求荣的恶劣行径。

约翰一书3章8节说："犯罪的是属魔鬼"，犯罪是指人的罪性呈现在行为上。耶稣预知将来的事，便指着犹大说："我不是拣选了你们十二个门徒吗？但你们中间有一个是魔鬼。"（约翰福音6章70节）总之，使人犯罪的是魔鬼，作恶的便是魔鬼之子。

因此"魔鬼要把你们中间几个人下在监里，叫你们被试炼"（启示录2章10节），这话的意思是魔鬼掌控恶人的心，使之行恶。监狱是监禁违法犯罪之人的地方。有狱必有法，有法必有治者。

因罪的轻重和信心的大小而得不同的报应

人活在世上要受法律的约束，违反法律必按罪的轻重受到相应的制裁。灵界也有法度，按真理而行的人必蒙神的保守，违背真理的人必遭仇敌魔鬼、撒但的控告而经受试探、患难。违背真理，犯罪作恶，必受相应的惩罚、付出相等的代价。

尤其受魔鬼的引动而犯罪，即犯"情欲的事"，必受到相应的报应，这是"魔鬼将人下在监里带给试炼"所表示的意义。由此而来的试探患难，程度会按罪的轻重而不同，也因各人信心的大小而有别。即使犯了同样的罪，大信的人和小信的人所受的刑罚是有区别的。

路加福音12章47、48节说："仆人知道主人的意思，却不预备，又不顺他的意思行，那仆人必多受责打；惟有那不知道的，作了当受责打的事，必少受责打。因为多给谁，就向谁多取；多托谁，就向谁多要。"

"多托"的是信心大的人，不知道主人意思的则是小信的人。神的责罚是按人信心的程度而定的，知道主人的意思却不遵行的，即信心大却不遵行神旨意的人，神必向他追讨更重的责任。

雅各书3章1节说:"我的弟兄们,不要多人作师傅,因为晓得我们要受更重的判断。"信心比别人大、处在教导地位的人,理当遵行神的道,行事为人力求完全无可指摘。否则难免受到试炼、苦难,但那程度会按各人罪的轻重和信心的大小而呈现差异。有的悔改归正,患难立刻退去,有的则仍要继续承受报应。

得称为合神心意的大卫王,有一次暗中与忠心的部将乌利亚之妻通奸,为了隐瞒其罪行设谋把乌利亚派往前沿阵地借敌手加害。尽管后来诚心认罪悔改,但仍要承受巨大的试炼;儿子押沙龙的造反,使他落荒而逃,饱受悲苦伤痛。可见信心越大所受的责罚就更重。

总之,"受患难十日"统指一切试炼与患难。"十"这个数字按"十进制"说是满数,有着囊括一切的象征意义。因此,"十日患难"可谓人们在世因罪而受的一切患难之统称。

脱离试探患难的方法

神的话语中包罗着一切道理,包括蒙福的诀窍;试探、患难的原因等。可是很多基督徒不明白神道的实意,虽称信神却仍活在试探、患难当中,实在令人痛惜。

例如有的人口里称信却仍旧活在罪中,连最基本的信仰表现——十一奉献和圣守主日都不履行,因此常陷于各种试炼、患难之中。当然,不是所有的人都可以单凭奉献十分之一和守安息日蒙神保守。

若是刚入信仰之门的人奉献十分之一,诚守安息日,神必认可这信心,并保守看顾,赐予安康。但有一定信仰阅历的人则不同,因为信心有所成长,行为应更完善,付出应更增多。

为了使信心得到进一步的长进,我们需要经受相应的试炼,故要谨遵真理而行,稳固自己的信仰根基。违背真理的话一概不说,免得给撒但留地步,并要"追求与众人和睦,并要追求圣洁"。因为随着信心的增长、生命的更新,在细微的事上也会遭到撒但的控告并拦阻。

悔改自己的罪,拆毁与神之间隔断的罪墙,并且遵行神的道,忠心服侍主。神要的是属灵的忠诚,而不是属肉的忠诚。主对士每拿教会说"务要至死忠心",就是指属灵的忠诚,并非单纯指倾尽肉体之性命的那种属肉的忠诚。那么,"至死忠心"具体指的是什么呢?

至死忠心是殉道之信心的体现

臣子的"至死忠心",乃体现在为国家和君王献出生命。同样,为神至死忠心是指在任何境遇中都能持定坚贞,本着甘心为主舍命的殉道之信心为主效忠。

论到殉道,其意义不仅仅在于表面行为上的忠诚,即献上肉体之生命的忠诚。比之更重要的是属灵意义上的殉道,也就是活出殉道之精神。

属灵意义上的殉道是指由于爱神的缘故,为了得神的喜悦,不与世俗妥协,与罪相争到流血的地步,除去心灵和行为上的一切恶事。凡这样付出倾尽生命的努力,作成弃罪之工夫的人,"老我"已是荡然无存,唯有真理在心里作主,能够全守神在圣经66卷书上的圣言真道。

"我是攻克己身,叫身服我,恐怕我传福音给别人,自己反被弃绝了"(哥林多前书9章27节),唯独像使徒保罗那样彻底治死"老我",离弃各样恶事的人,才能为使命竭诚尽忠,哀恸流泪为行将死亡的众灵魂献上爱心的祷告。弃罪成圣的人,本着清洁的心灵,尽心尽性为主所托付的使命效忠,这才是神所喜悦的属灵意义上的忠诚。

现今时代,基督徒似乎没有机会去检验自己"至死忠心"的信仰,即殉道之信心。除了在穆斯林国家或共产主义国家宣教的情况以外,很少可以碰到能体现殉道之信心的环境。

但也绝非如此,虽然不是献出生命的实际行为上的殉道,神会通过近乎殉道的试炼,叫各人检验自己的信心水准。当然神不会让人受试探过于所能受的,信心水准还不够承受某种试炼的人,是不会遇到这种信心的考验的。

雅各书1章12节说:"忍受试探的人是有福的,因为他经过试验以后,必得生命的冠冕,这是主应许给那些爱他之人的。"意思是:

生命的冠冕不是任谁都能获得,唯独那些忍受试探,通过试验,获神认定的人才配得。

但神的称许和认定,不是靠通过一场试验所能获得的。只有全然成圣、信心的根基立在磐石上,心志恒定不变的人,才能得到,因为他们无论何时何境都不会心怀二意,不会摇摆不定,能够胜过一切的试炼。

至死忠心的人获得生命的冠冕

生命的冠冕是神为那些胜过一切试炼与患难、为主舍己、至死忠心得进第三层天国的人所赐的荣耀与赏赐。为了便于理解,简单说明神按各人信心的大小所安排的天国不同住处的情形(详细内容可参照《天国(上)》《天国(下)》)。

在信仰上始终平平碌碌的人和倾尽生命为神忠心的人在天上得到同样的待遇,这显然是不公平的。于是公义的神按照我们在地上遵行神道的程度,在天上赐我们相应的居所与赏赐。

首先,勉强得救抱愧于心的人所要得进的乐园里没有冠冕,因为他们的信心只够勉勉强强得救,在地上未曾积攒奖赏。

得进第一层天国的人将获得不能坏的冠冕(哥林多前书9章25节)。他们凭着信心努力遵行神的道,为了不沾染世上必朽之事,克己自制,谨慎自守,便可得不能坏的冠冕。

得进第二层天国的人将获得荣耀的冠冕(彼得前书5章4节)。

他们本着信心，作弃罪的工夫到流血的地步，在世作光作盐，荣神益人，便有荣耀的冠冕为他们存留。得进第三层天国的人，已弃恶成圣，达到以爱神为至上的信心境界，将获得神向士每拿教会所应许的生命的冠冕。

最后一项是最为荣美华贵的金冠冕（启示录4章4节），是神向那些全然成圣并在神的全家尽忠，得进神宝座所在的新耶路撒冷之人所赐的。

罗马书8章35节说："谁能使我们与基督的爱隔绝呢？难道是患难吗？是困苦吗？是逼迫吗？是饥饿吗？是赤身露体吗？是危险吗？是刀剑吗？"我们若像使徒保罗那样对主持有炽热的爱心，必能为主的身体——"教会"至死忠心，甚至活出更高深的境界，蒙神的厚爱，尽情荣耀神的名。

主对士每拿教会的应许

"圣灵向众教会所说的话,凡有耳的,就应当听。得胜的,必不受第二次死的害。"

(启示录2章11节)

主安慰那为主的名受苦,将来要从魔鬼受试炼与患难的士每拿教会的圣徒们说:我知道你们的劳苦,再忍耐少时,必得荣耀的赏赐。

甚至激励他们要作出倾尽生命的忠诚,因为要叫他们得着更大的福分与赏赐。士每拿教会为主所受的试探、患难与逼迫,必换来永远的福分与奖赏。不过,单凭忍受试炼、患难与逼迫是不能在神面前得到充分认可的,因为这是理所当行之事,唯独付出一切、倾尽生命的忠诚,才能得神的喜悦和称许。

为主的名受逼迫患难乃是神的儿女理应甘心承受的,因此主为了使士每拿教会蒙得更大的福分和赏赐,便向他们只说"务要至死忠心"的勉励之言,而没有一句安慰之语。这就是神爱的体现。

当留心倾听神的言语

人尽管领受神宝贵的约言,若不珍惜,便是枉然。正如耶稣所说,"我的羊听我的声音,我也认识他们,他们也跟着我"(约翰福音10章27节),领受圣灵,作神儿女的人,理当顺从圣灵的指引。因此主对士每拿教会说:"圣灵向众教会所说的话,凡有耳的,就应当听。"

这个耳不是单纯指辨别语音的肉耳,而是能够辨别真实善道的灵耳。唯独灵耳开通,方能听到将我们引入真理、使我们明白神心意的圣灵的声音,听清圣灵的声音,听道时方能领悟其中的灵意。

想要拥有一双聪敏的灵耳,必须从心里把恶除净,因为心里恶性越多,灵性越是混沌,神的道听不明白,圣灵的声音更是无从辨别。不过,即使心里有恶残留尚听不清圣灵的声音,只要对神的道只有一是、"阿们"并照着行,必迅速达到能辨清圣灵声音的境界。到了这一境界,就可具备基于神的道辨别诸事的能力,看透一切引诱迷惑,胜过一切试探患难。

凡这样遵从神道,攻克己身,离弃罪恶,活出真理的人就是

"得胜的",得胜的人照神在经上的应许,"必不受第二次死的害"。那么,什么是"第二次的死","第二次死的害"又指的是什么呢?

士每拿教会若得胜,必不受第二次死的害

神若取去人的灵魂,身体很快就变成冰凉的尸体,随后渐渐风化腐朽,慢慢归于尘土,这是第一次的死,即指人类肉体之生命的终结。

"第二次的死"则指人主体之灵魂落入永不熄灭的地狱烈焰中永受苦刑。启示录明文记载:名字没记在生命册上的人,或记在生命册上的名被涂抹的人,必被扔在火湖里。

"我又看见死了的人,无论大小,都站在宝座前。案卷展开了,并且另有一卷展开,就是生命册。死了的人都凭着这些案卷所记载的,照他们所行的受审判。于是海交出其中的死人,死亡和阴间也交出其中的死人。他们都照各人所行的受审判。死亡和阴间也被扔在火湖里,这火湖就是第二次的死。若有人名字没记在生命册上,他就被扔在火湖里。"(启示录20章12-15节)

违背真理而活在罪孽中,不遵行神的圣言真道,即不得胜的人，必遭受第二次死的害，在虫不死，火不灭的地狱烈焰中永受折磨。但那些谨守神的道，在试炼、患难中不至摇摆，靠主得胜的人们，绝不受第二次死的害，反得永生的福分。

主希望祂对士每拿教会的训诲能够鼓舞身负入北宣教之使命的众人，以及念此信息的普世信众，都能胜过一切试炼与患难，倾尽生命为主忠心，配得生命的冠冕，进而不畏艰险与逼迫，放胆传讲真理的福音，将那些未明真理而走向死亡的众灵魂引入救恩，归主怀抱。

这就是主托付于我们众人的使命，凡忠于这一使命的各人和众教会，必蒙神丰盛的赐福与永远的赏赐。但我们务要铭记提摩太前书5章22节的一段教训——"不要在别人的罪上有份，要保守自己清洁"，将"洁净自己，归神为圣"当作第一要紧的，殷勤作好成圣的工夫。

正如经上所讲"愿赐平安的神亲自使你们全然成圣。又愿你们的灵与魂与身子得蒙保守，在我们主耶稣基督降临的时候，完全无可指摘"（帖撒罗尼迦前书5章23节），成为无瑕疵、无玷污，全然成圣，无可指摘，最终得进至高的圣城新耶路撒冷。

第三章

随从适当主义信仰风气，沉迷于异端思想的别迦摩教会

在逼迫、苦难中毅然持守信心，

从而蒙主称赞的别迦摩教会，

因内中一些人服从巴兰的教训

和尼哥拉一党的教训

而受主严厉的责备。

主对别迦摩教会的这一训诲，

同样也是对如今迷恋世俗、妥协世风；

习染于适当主义信仰态度、

迷醉于异端思想的众教会的警训。

启示录2章12-17节

12 "你要写信给别迦摩教会的使者说,那有两刃利剑的说:

13 我知道你的居所,就是有撒但座位之处。当我忠心的见证人安提帕在你们中间、撒但所住的地方被杀之时,你还坚守我的名,没有弃绝我的道。

14 然而,有几件事我要责备你,因为在你那里,有人服从了巴兰的教训;这巴兰曾教导巴勒将绊脚石放在以色列人面前,叫他们吃祭偶像之物,行奸淫的事。

15 你那里也有人照样服从了尼哥拉一党人的教训。

16 所以你当悔改,若不悔改,我就快临到你那里,用我口中的剑攻击他们。

17 圣灵向众教会所说的话,凡有耳的,就应当听。得胜的,我必将那隐藏的吗哪赐给他,并赐他一块白石,石上写着新名,除了那领受的以外,没有人能认识。"

主给别迦摩教会的信

"你要写信给别迦摩教会的使者说,那有两刃利剑的说:"
(启示录2章12节)

别迦摩这座古城受到世间瞩目是从亚历山大大帝的部将利希马科斯(Lysimachos)发现其为得天独厚的军事要塞并进行开发修建开始的。后来成为小亚细亚希腊文明的中心,可与当时最繁荣的都市亚历山大港比肩。

许多宗教的集结地——别迦摩,崇拜他们自己的假神"阿斯科利皮奥斯"(与宙斯同列为古希腊诸神之一),全亚细亚人汇集阿斯科利皮奥斯神庙中求医,偶像崇拜的风气渗透到人们生活的各个角落。

许多宗教的集结地——别迦摩,崇拜他们自己的假神"阿斯科利皮奥斯"（与宙斯同列为古希腊诸神之一），全亚细亚人汇集阿斯科利皮奥斯神庙中求医，偶像崇拜的风气渗透到人们生活的各个角落。

有两刃利剑的主

对别迦摩教会的信息，开篇提到这封书信的叙述者"有两刃利剑的"和收信者"别迦摩教会的使者"。

"别迦摩教会的使者"是指教会为首的主仆；"两刃利剑"喻指神的道。希伯来书4章12节说："神的道是活泼的，是有功效的，比一切两刃的剑更快，甚至魂与灵、骨节与骨髓，都能刺入、剖开，连心中的思念和主意都能辨明。"

"那有两刃利剑的"，就是耶稣基督。约翰福音1章14节说："道成了肉身，住在我们中间，充充满满地有恩典，有真理。我们也见过他的荣光，正是父独生子的荣光。"耶稣是道成肉身，降世为人的神子。

约翰福音1章1节后半节说："道就是神"，耶稣与本为道的神原为一。以神子的身份，披戴肉身，降世为人的耶稣，祂本有神的形像、是神本体的真像、是天地万物的主宰、是万王之王、万主之主。

那么，耶稣所持有的"比一切两刃的剑更快"的神的道，对我们产生怎样的功效？

神的道在我们身上所起的功效

世上书多如山，数不胜数，但它们都不能发出活泼之功效，更不能使人获得真生命。然而，神的道是活泼永存的，生命在其里头。信靠神道者，所求必得成全，所望必得兑现；遵行神道者，灵魂必得兴盛，生命必得更新。

诗篇37篇4节说："又要以耶和华为乐，他就将你心里所求的赐给你。"意思是只要亲近神的道，得袍的喜悦，心里所求的必蒙神的应允（箴言11章20节；12章22节；15章8节；希伯来书11章6节）。当我们信从这些圣言的时候，心怀的愿望必蒙成全，切身体验到神道之活泼功效。

神的道又如两刃的利剑，"甚至魂与灵、骨节与骨髓，都能刺入、剖开"。"魂"是指人头脑记忆系统并其中储存的知识，以及基于这些知识所发挥的思想作用。"灵"是指不死、不朽、不变的、永恒的；是生命、真理本身。

人是以灵、魂、肉所构成，灵本是主人，管理魂与肉，后因始祖亚当的犯罪，在人身上作主的灵死了，被魂所围困。但因着神的恩，凡接待耶稣基督为救主的人都能领受所赐的圣灵，死灵便得以复苏。当重生的人藉着神的道不断地攻破自己用违背真理的信息所打造的魂，灵就渐渐壮大，恢复主人的地位（参照《灵魂肉》讲道信息）。

神的道可以攻破人的魂，使灵性活跃，并具有"刺入剖开骨节与骨髓"的功效。"骨节"的词义为"骨骼的一个节，骨头相接之处"，但从属灵角度讲"骨节"是人自行打造的固框。

"框框"是通过成长过程中所见所闻所学所历所形成的,以许多非真理的知识构筑而成。这样的框框是人们用自以为是、自以为义的想法建构的固定的观念系统。

"骨节"是指自义观念凝固而成的各类框框

框框因人而异,种类繁多,如由性格形成的框框;以自己的学识、教养、趣味、习俗、操行等为基准而打造的框框等等。有了框框,容易与人发生意见的对立或摩擦,或以自以为是的想法强人所难,或不能理解别人,轻易对人论断、定罪。

在日常生活中,框框以多种形态呈现。例如:有的人在成长过程中缺少人与人之间交心的沟通,生活孤僻,独来独往,人生路上独自拼搏,这样的人在人际关系上难免遇到很多阻力。有的人内向性格形成一种框框,难以近人,不易合群。

如果有一群性格外向的人在他的周围,往往会对他猜疑和误解:"这个人很自私、傲慢",就是他们由外向性格而形成的固框,使他们总是不能理解别人、动辄臆测和论断。

还有一种人,虽然自义框框十分牢固,但表面上从不固执己见或与人争竞,但他们因囿于固框,不肯接纳别人的建议或规劝,因而生命很难得到更新。

打破各种框框的唯一途径就是依靠神的道。框框过于牢固,不肯打开心门，拒绝神道的人，是很难得到改变的。唯独自觉地开启心门，把神的道接在心中，才能体验到神的道更新心意的功效。因为神按照公义行事。

认清自己的框框，能够降卑己心，开启心门，愿意把神的道接在心中的人，无论怎样牢固的框框，都能藉着神的道破除净尽。

"骨髓"是指潜藏于内心深层的恶性

"骨髓"是人体的造血组织，位于身体的许多骨骼内。其属灵蕴意是：人心里细微且根深蒂固的罪恶。这种恶性如同深藏在骨骼内部的骨髓，植根于人的内心深处。

人往往容易意识到显而易见的罪恶，但对本性深层的罪恶却觉察不到。平时以为自己没有嫉妒心的人，等到遭遇试探或熬炼时，其潜藏于内心深层的嫉妒这一恶性陡然表露在行为上。

旧约圣经中的人物约伯是个典型例子。约伯凭自己有限的知识，力求为人处事无可指摘，于是很难发觉醒悟自身的恶。但神看透隐存在他本性深层里的恶，于是允准撒但的指控，使约伯经受熬炼，借此能够醒悟自己的欠缺。

约伯承受巨大的试炼，家产全毁，儿女尽丧，遍体生疮，苦不堪忍，于是未曾发觉的恶便一一显露，后经神的开悟，约伯才得以认清自身的恶，最终彻底懊悔，弃净残恶，进入更深的灵性境界，蒙神加倍的赐福（参照约伯记讲解《属肉的人・属灵的人》）。

如同骨节与骨髓那样牢固的框框和潜藏的恶性，唯靠比两刃的剑还要快的神的道刺入剖开，才能彻底破除。历经如此成圣的工夫，我们方能模成神的形像，成为主圣洁的儿女。

但不是所有的证道都具有"刺入剖开骨节、骨髓"的功效。唯独按着正意分解的深邃属灵真道，才能使人发觉框框和本性深层的恶，而且证道的人必须具备属灵的权柄。

口中的道满有权柄如同"两刃利剑"的主，对别迦摩教会的讯息，同样也是向着现今所有教会的教训。

如今与别迦摩教会同属一类的教会

主对别迦摩教会的训言，不仅适用于如今与世俗妥协、习染适当主义信仰风气的圣徒，而且也适用于被异端思想迷惑的教会或圣徒。这些人虽然名义上信神，却是抵挡耶稣基督、蓄意歪曲圣道的。

他们不仅自己迷醉于怪异教训，还想方设法去引诱那些不坚固的人陷在错谬的教义中。即使是这样的人，主也不肯轻易弃绝，而愿意用两刃的利剑，亦即神的道，纠正他们的错谬思想，好使他们认罪悔改，领受救恩。主愿意藉着别迦摩教会的教训，唤醒这些迷失于信仰误区的人们。

面对末日的审判，无人可以推诿说"我是出于无知所致"，因为神的圣道显明，人偏离真理的一切心思意念言语作为必将暴露无遗。

异端是受撒但奴役的,大多表面上高举神的道,甚至具备教会的外表形态,但从本质上看,他们是阴险诡诈地歪曲了神道的核心精神。

然而我们鉴别异端不能按照人的标准,应当根据神在圣经上的真道原则。仅以不合自己所主张的教义或观念为由,随意断定别的教会或个人为异端,这是当今教界的常见弊端,甚至呈不断上升之势。

基于圣经的异端辨别标准

彼得后书2章1节说:"从前在百姓中有假先知起来,将来在你们中间也必有假师傅,私自引进陷害人的异端,连买他们的主他们也不承认,自取速速的灭亡。"

是否承认赎买自己的主,是辨别异端的最明确的标准。也就是说不信耶稣为救主的就是异端。耶稣的宝血洗净我们全罪,救赎我们脱离死亡,所以蒙恩得救作神的儿女的我们都是主用血赎买的。

因此,在耶稣被钉十架受死并从死里复活完成基督使命之前,从无"异端"这一说法。耶稣的含义是"要将自己的百姓从罪恶里救出来"(马太福音1章21节);基督一词希伯来语为"弥赛亚",是"受膏者"的意思。

耶稣复活得胜,完成基督之使命后,才出现不认"买他们的主"耶稣基督的人,异端就是针对这些人的专称。从旧约圣经到新约圣经四福音书中找不到"异端"这个字眼，正是由于这个原因。

犹太人称使徒保罗为"拿撒勒教党里的一个头目"（使徒行传24章5节），韩语圣经译为"拿撒勒异端头目"，这些犹太人认为保罗有异端思想，并非因他"不认买他的主"，而是因从他们所信奉的犹太教的观点看，基督教是"异教邪说"，保罗是"离经叛道"的"异端头目"。

随着末日的临近，抵挡主基督的异端思潮越发蔓延。好些自称救世主的人起来，否定耶稣基督的救赎，散布歪理邪说迷惑众人，宣称人惟有信他才能获救。

随着时间的演变，这些人的异端本质越来越明显，他们好色邪荡、毁谤真道，迷惑群众，骗钱敛财，专行违背神道的不法之事。当然行不义的事和异端是有区别的，我们不能单凭人的不义行为，就随意断定为异端。

我们应当通过规劝甚至责备的方式使这样的人回转归正，若不是反对耶稣基督，不反对用血赎买我们的救主，我们就不能随意断定为异端。

初代教会时期极富盛名的教法师迦玛列针对批判、诋毁基督教的众人所讲的话，一语中的点明了这个观点：

"以色列人哪，论到这些人，你们应当小心怎样办理。从前丢大起来，自夸为大，附从他的人约有四百；他被杀后，附从他的全都散了，归于无有。此后，报名上册的时候，又有加利利的犹大起来,引诱些百姓跟从他;他也灭亡,附从他的人也都四散了。……他们所谋的、所行的,若是出于人,必要败坏;若是出于神,你们就不能败坏他们,恐怕你们倒是攻击神了。"(使徒行传5章35-39节)

假先知、假师傅及敌基督者

彼得后书2章1节里称假先知和假师傅为"私自引进陷害人的异端"者。这里"假"字不单包含着欺骗、虚伪、伪造等意思,而是蕴含着"不认本为真理的耶稣基督"之灵意。

正如约翰一书2章22节所说"谁是说谎话的呢?不是那不认耶稣为基督的吗?不认父与子的,这就是敌基督的。"不认耶稣为基督的,就是说谎话的,不认圣父与圣子的,就是敌基督的。

约翰一书4章1-3节说:"亲爱的弟兄啊,一切的灵,你们不可都信,总要试验那些灵是出于神的不是,因为世上有许多假先知已经出来了。凡灵认耶稣基督是成了肉身来的,就是出于神的,从此你们可以认出神的灵来;凡灵不认耶稣,就不是出于神,这是那敌基督者的灵。你们从前听见他要来,现在已经在世上了。"

"敌基督的"是指从圣经真道断章取义,迷惑众人、敌对耶稣基督的徒众,他们否定耶稣基督对人类的救赎。这样不认耶稣基督的,就是与神为敌的。

只要基于圣经真道辨清异端、假先知、假师傅、敌基督的，我们就不会受迷惑，反而可以用两刃利剑即神的道，攻破他们的思想营垒。但应当避免与他们辩论。

提多书3章10节说："分门结党的人，警戒过一两次，就要弃绝他。"针对异端，我们可以用真理的教训警戒他们一两次，若是认清自己的错谬，回转归正是件幸事，若是不肯领受就把他们弃绝，这是明智的选择。

真理根基不牢靠的人，千万不要与他们辩论，恐怕自己反倒被他们勾引迷惑了。他们阴险诡诈地歪曲真理，瞄准对方的弱点进行攻击，因此凭着一知半解的真理与他们辩论是很不明智的。一个缺少分辨力的人，一旦沾染了错谬思想，以后想要醒悟、归正也就很难了，因此经上规劝圣徒不要与之辩论，反要远避他们。

旨在拯救万人的神慈爱的彰显

像"耶和华见证人"那样沉迷于异端思想的人，主也愿意赐予他们认罪悔改的机会。于是藉着对别迦摩教会的宝训，唤醒与之类似的众教会和处在同样信仰误区的人们。

同时警戒那些与世俗妥协的适当主义信仰态度。适当主义信仰的弊端在于：明知神的旨意，仍要随欲而为的肉体的属性。他们自称遵从神的旨意，却得寸进尺地纵容肉体的私欲，进而蓄意曲解真理，以图安然享乐，最终沉迷于错谬思想。

要使这样的人反省悔过，必须依靠能把"魂与灵、骨节与骨髓，都能刺入、剖开"的生命之道。并要藉着时常相随的权能神迹，证实所传的道。这样才能有望使沉迷于异端思想的人悔罪改过，获得拯救。

这类人虽然为数不多，但神愿意给他们悔改的机会，因为神"愿意万人得救，明白真道"（提摩太前书2章4节）。即使处在难以得救之境地的人，只要他本性尚属善良，必因着主的恩典和圣灵的帮助，获得得救的机会。

传福音的时候我们可以发现，对基督教认识模糊，而又沾染错谬思想的人，较比那些根本不了解基督教的人福音更难传。要使他们领受真理，必须要有强大的权柄和能力。

应当在见证耶稣基督、传天国福音的同时显现让人无可置疑、心服口服的确据，否则无论付出怎样的努力，也很难收到实际果效。

主对别迦摩教会的称赞之处

"我知道你的居所,就是有撒但座位之处。
当我忠心的见证人安提帕
在你们中间、撒但所住的地方被杀之时,
你还坚守我的名,没有弃绝我的道。"
(启示录2章13节)

小亚细亚的重要都市之一的别迦摩,时为政治、文化、异教的中心。罗马神话中的诸神的庙宇如宙斯神庙、狄奥尼索斯神庙、雅典娜神庙、阿斯科利皮奥斯神庙,以及三座用来崇拜罗马皇帝的神庙坐落其间。尤其阿斯科利皮奥斯神庙是用来拜蛇的地方。

别迦摩教会圣徒们的信仰生活就是在这种社会环境中,因此主对他们说"我知道你的居所,就是有撒但座位之处"。

在"有撒但座位之处"持守信心的别迦摩教会

主对别迦摩教会说"我知道你的居所",一方面是指他们生活在拜偶像风气蔓延的地方,另一方面暗示他们的信心不够成熟、还未达到神道根基扎稳的地步,因此当有人曲解神的道加以引诱的时候,他们很容易受迷惑。

称别迦摩为"有撒但座位之处",表示撒但盘踞其间,反映当时别迦摩拜偶像的习俗蔓延的社会状貌。圣徒们在这庙宇林立、偶像泛滥、罪恶满盈、如同撒但巢穴的环境中持守信心绝非容易。因为仇敌魔鬼、撒但为了使圣徒放弃对主的信仰,无休止地试探、逼迫和苦害圣徒。

在深重频繁的逼迫中,别迦摩发生了使徒安提帕殉道之事件。安提帕的殉道反而成为圣徒们坚守信心,靠主得胜的动力,这一点得到了主的称赞。

主称安提帕为"我忠心的见证人",可见他的信仰境界非同一般。他殷勤作成弃恶成圣之工夫,一心效成主的心肠,倾尽生命传扬福音,尽忠竭诚作主见证,最终慷慨舍命为主殉道。

有一则关于安提帕殉道的传说。罗马官吏把安提帕押到罗马皇帝神像前威逼他俯首叩拜。

"安提帕,我令你向皇帝神像叩拜!"

安提帕对罗马官吏说:

"独有耶稣基督是万王之王、万主之主,

除祂以外别无可拜！"

听了安提帕的回答，罗马官吏怒气冲冲地逼问：

"你不知道全世界都反对你吗？"

安提帕毫无惧色，凛然不屈地回答：

"那么，我安提帕就反对全世界，宣告耶稣是万主之主！"

罗马官吏火冒三丈，就把安提帕投进烧热的铜锅里烤死。在这种残忍的逼迫苦境中，别迦摩教会的信徒毅然坚守主的名，没有弃绝主的道。

偶有对真理认识不清的人质疑："信仰虔诚、为神尽忠的人为何还要受逼迫、遭残害？如果神真是活神，怎会容许这等事？"这种疑问，若是了解神深邃的心怀意旨就会茅塞顿开了。

神藉着殉道者所要成就的美意

不单是经历安提帕殉道的别迦摩教会，不论哪一个国家和城邦，在基督教最初传入之时，都有许多殉道者流过的血。过去叱咤世界的罗马帝国便是一个范例。

罗马市民最初在圆形竞技场欣赏基督徒被处死的样子。他们将此作为一种享乐，对基督徒表示蔑斥和嘲弄以乐。罗马人看着基督徒被斩首处死、被投喂狮子，认为他们是一群愚不可及的人。但久而久之他们感觉不可思议。

"他们为何临死不惧，反而面露悦色？"

"到底什么力量使他们有如此的作为？"

"他们所信的耶稣究竟是何人？"

人们感到好奇，便开始探究基督教的来历和渊源，在这过程中许多人听信主的福音，接受耶稣基督作个人的救主。

到了君士坦丁大帝时代，罗马帝国承认了基督教的合法地位，后来被正式定为罗马的国教，这里蕴藏着人靠理性无从理解的神奇妙的旨意。基督的福音通过罗马短时间内传至欧洲乃至整个世界，若不靠上述的方法是很难实现的。

面对死亡的威胁，平时信仰随意的人是难以守住自己信心的。若不从心里除净恶性，遇到极端的困境或死亡的威胁时，因不胜恐惧而变节的可能性很大。

唯独持定不变的心志，在神面前舍命尽忠的人，面对死亡也能持守信志；唯独作成弃恶成圣的工夫，才能在圣灵的充满、激励和帮助下，经得起殉道的考验。为主殉道的人在天上将领受无与伦比的尊荣与赏赐，因此为主殉道的人是有福的。

主对别迦摩教会的责备之处

"然而,有几件事我要责备你,
因为在你那里,有人服从了巴兰的教训;
这巴兰曾教导巴勒将绊脚石放在以色列人面前,
叫他们吃祭偶像之物,行奸淫的事。
你那里也有人照样服从了尼哥拉一党人的教训。
所以你当悔改,若不悔改,我就快临到你那里,
用我口中的剑攻击他们。"
(启示录2章14-16节)

  面对死亡的威胁都没有离弃信仰的别迦摩教会,在一些事上也受到主严厉的责备。他们当中有为主殉道的安提帕,也有效法安提帕坚守信心的圣徒们,但其中有一群信徒却不像他们那样。主指

着这些信徒予以严厉的责备，称他们为服从"巴兰的教训"和"尼哥拉一党人的教训"的人。

财迷心窍利欲熏心的巴兰

那么，服从巴兰的教训和尼哥拉一党人教训的人具体有哪些特征呢？想要了解"巴兰的教训"，需要查考民数记22至24章的巴兰事件。

巴兰是美索不达米亚的毗夺人比珥的儿子，他懂得与神交通的方法。有一天摩押王巴勒请他咒诅以色列民。时值以色列人走出埃及为奴之地，经过四十年的旷野飘流，将近迦南地的时期。

对神与以色列民同在所显之大能早有所闻的摩押王巴勒，风闻以色列民要经过他们的领地，就忧惧不安，于是请求巴兰相助，为他们咒诅以色列百姓。巴兰就巴勒的请求向神求问，神说："你不可同他们去，也不可咒诅那民，因为那民是蒙福的。"（民数记22章12节）

巴兰虽然照神的吩咐推辞摩押王的请求，可是当摩押王接着用更多的金银财宝来贿赂时，巴兰的心开始动摇。这种劣根性，也普遍存在于我们身上。

试探来临，只要靠神的道断然抵挡击退，以后就不再遭遇类似的试探。但若心志不坚，面对诱惑摇摆不定，撒但必伺机再次试探。表面上看似通过了，但心志上却没有完全通过，撒但必发动第二轮试探。

同样，巴兰貌似通过了第一轮试探，但因着追名逐利的贪心私欲，心里有所动摇，便再次向神求问，神回应他说："这些人若来召你，你就起来同他们去，你只要遵行我对你所说的话。"（民数记22章20节）

神的旨意是"不可同他们去"，可是神看透巴兰再次求问的用意，就任由他自由意志的选择。巴兰终于为钱财的迷惑所胜，暗暗指教摩押王巴勒败坏以色列民的阴谋圈套（民数记25章1、2节）。

那就是诱惑以色列民参加摩押人祭拜偶像的庙会。当时以色列民长期在旷野飘流，天天面对枯燥单调的生活环境。

当他们面对外邦女子起舞挑逗，吃喝淫荡的祭祀场景时，就经不起诱惑，吃喝她们的祭物，跪拜她们的偶像，纵情放性与之苟合行淫。他们之所以如此轻易陷入罪中，是因为那时不像现在可以靠圣灵的恩典作成内心的割礼，脱去心里的罪恶。

因这一事件，神的责罚临到以色列民，二万四千人在瘟疫中丧生（民数记25章9节）。但我们读到哥林多前书10章8节时，会发现死亡人数跟民数记的记载有所出入，为"二万三千人"。原因在于民数记上的数目包括了与以色列民同被灭亡的摩押众女，而哥林多前书则只记录以色列民死亡人数。解经须靠圣灵的感动和启示，每当获启这些不解之奥秘时，不得不感叹圣经的真确无误。

主称行事为人好像巴兰的人是"服从了巴兰的教训"。那么，从属灵层面讲，"巴兰的教训"对我们具有怎样的警戒与启迪？

对适当主义信仰的警戒

第一，对偏离真理，与世妥协的适当主义信仰的警戒。巴兰明知神的旨意，却因贪恋不义之财，终于走向灭亡之路。如今也存在持有类似信仰态度的一群人，他们"适当"地迎合、妥协现世潮流，在信仰上图谋方便和安逸，因为他们爱世界和世界上的事过于爱神。

如今贪爱钱财，迷恋世俗，在神面前犯罪的现象尤其普遍（提摩太前书6章10节）。如因贪财而干犯主日，或偷取神的物——十分之一和供物（玛拉基书3章8节），另外，主的仆人理当专注于祈祷和传道，而有的人却贪求财富名誉，依附世上权贵。

马太福音6章24节说"一个人不能侍奉两个主"。不只是主的仆人，凡作神儿女的都应当专心遵从神的旨意，决不能重蹈巴兰的覆辙，妥协非真理、沉迷于适当主义信仰。

偏离真理的事，就是轻微如尘，也不能与之妥协，否则你的心会渐渐被撒但夺走，以至被撒但套牢，遭撒但的控告。一点面酵能使全团发起来。照样，在小事上妥协，迎合撒但的引诱，心思一点一点被撒但占据，必会彻底迷了心窍，心安理得地犯罪作恶，最终深陷罪恶的泥潭。

我们看到有一些人曾被神使用，后来迷了心窍，渐渐堕落，以至被神弃绝。别迦摩教会的信徒中也有此类，他们经历了安提帕的殉道，却仍痴迷在适当主义的信仰误区，继续走他们的败坏之路。

主对别迦摩教会的严厉的警戒和悔改的督促，不单指向别迦摩教会，而是指向如今嘴上承认信主，却服从巴兰之教训的普世所有信众。

对易变之心的警戒

第二，心志立定，不可改变。口称爱神，在信仰上却惯常虚以应付，敷衍相待，或者明知神的旨意，却贪恋名利权势而辜负神恩，这种信仰态度，我们定要杜绝。

有这样一群人，蒙了恩典、得了好处，顿生感恩之情，向神表白："神啊，我要向您奉献我的一切！从此一心一意为主而活。"但时过境迁，起初的心志改变了，甚至有一种后悔的感觉——"何必信得这么辛苦呢？不能像别人那样生活轻松安逸吗？"

他们好像巴兰经不起名利的诱惑，迷了心窍故意悖逆神的旨意一样。但真正敬畏神的人心志坚定，不会因着时间的推移和境况的变迁而改变。

旧约圣经人物中有一个以良善正直的品性、坚贞不变的心志蒙神厚爱的女子，她就是路得。

摩押女子路得与躲避饥荒迁居摩押地的以色列人结婚，不久丈夫离世，膝下无子。路得的妯娌俄珥巴的遭遇与她同样。

婆婆拿俄米决定回故土犹大，于是劝两个儿妇各回自己的娘家去。丈夫死了，又没有孩子，她们没有理由跟婆婆到人地生疏的犹大地去受苦，出于这种考虑拿俄米极力劝阻要跟随她的两个儿妇。

一开始两个儿妇都表示与婆婆同去，但经过婆婆再三相劝，俄珥巴与婆婆亲嘴道别，而路得依然坚定不移。

"不要催我回去不跟随你。你往哪里去，我也往那里去；你在哪里住宿，我也在那里住宿；你的国就是我的国，你的神就是我的神。你在哪里死，我也在那里死，也葬在那里。除非死能使你我相离，不然，愿耶和华重重地降罚与我。"
（路得记1章16、17节）

通过这一表白，可以看出路得不为环境左右的坚贞不变的情怀。跟随拿俄米来到陌生的犹大地，路得的孝心一如既往，丝毫未变。她倾尽至诚地服侍婆婆，终蒙神的赐福，得与大财主波阿斯结亲，度过幸福美满的余生，更蒙身为外邦女子列入耶稣谱系的殊荣。

巴兰若是具有这种不变的诚心，就不会轻易被引诱、试探所胜悖逆神的旨意。然而巴兰是心怀二意的人，有易变的秉性，贪财忘义，追名逐利，走向不归路，还把许多人推向死地。

这是对生活在这罪恶满盈之末时的基督徒必不可少的宝训。我们应当杜绝适当主义信仰，持定正直的品性、不变的心志，活出虔诚的信仰。

服从尼哥拉一党人教训的信徒

别迦摩教会除了随从巴兰教训的信徒以外，还有服从尼哥拉一党人教训的人。关于尼哥拉一党，在讲解以弗所教会时已经提到过，是从初代教会的七个执事之一的尼哥拉用偏离真道的歪门邪说发起的。

随从巴兰的教训，深陷适当主义信仰误区，与世俗妥协，在罪恶的泥潭里越陷越深，终必陷于习染尼哥拉一党人行为的地步。尼哥拉一党主张"人犯罪也能得救，因为人犯罪是在乎肉身而不在乎灵，灵是圣洁的"。很显然这是违背圣经真理的极其荒谬的论调（哥林多前书6章9、10节；帖撒罗尼迦前书5章23节）。

约翰一书1章7节的经文讲得很清楚，"我们若在光明中行，如同神在光明中，就彼此相交，他儿子耶稣的血也洗净我们一切的罪。"表明唯独转离各样的恶事，在光明中行，耶稣的血才会洗净我们全罪。

因此，一个活在罪孽中的人自称得救，是永远不会生效的。人陷入适当主义信仰误区后，继续沉迷下去，一旦越过了底线，就会迷醉于"犯罪也能得救"的异端思想。他们贪恋世俗，觉得行道太难，听了"犯罪也能得救"的迷惑之言倒觉得顺耳、正中下怀，就服从了偏离真道的教训。

当今世界适当主义信仰风潮越发蔓延，更当警惕和防备尼哥拉一党的言论行径。在祷告、礼拜上耍滑偷懒，敷衍应付；迎合自己心中的私欲，总是把神的道朝向于己有利的方面解释，为自己的犯罪讨个堂而皇之的借口，以苟求心安理得——"这种程度不会有问题；那个其实无关紧要"。这种信仰态度是跟尼哥拉一党人的行为没有什么区别。

"巴兰的行为"过度会沉陷于尼哥拉一党人的错谬言论

巴兰的行为与尼哥拉一党人的行为有着"适当主义信仰"的共同点，但两者之间存在区别。"巴兰的行为"简而言之是指心怀二意侍奉神。即声称爱神，侍奉神，却贪爱钱财，追求名利，妥协不义。起初向神的热心渐渐衰退，重又恋慕世界，沉迷享乐，悖逆神旨，走向死亡。

尼哥拉一党人的行为较之有所区别。他们宣称"行为上犯罪也能得救"，用谬理邪说迷惑众人同归死亡之路。

尼哥拉一党人的言论悍然否定耶稣被钉十架为人舍命的实意。耶稣为了代赎我们用手脚所犯的罪，双手双脚被钉十字架。而他们居然鼓吹人犯罪也能得救，根本不承认用宝血赎买我们的主。

加拉太书5章13节说："弟兄们，你们蒙召是要得自由，只是不可将你们的自由当作放纵情欲的机会，总要用爱心互相服侍。"我们因着耶稣基督蒙了赦罪的恩典，获得了自由，万不可歪曲自由的实意，作为放纵情欲的借口。

当然，人犯罪不都是因陷入尼哥拉一党人的行为。灵命还处于稚弱阶段的人，尚还缺乏行道的能力，难免有时犯罪。误犯罪之后，只要愿意悔改，在悔改的过程中，各样的罪也就渐渐除去了。

我们应当铭心谨记：不能随从巴兰的行为，继续与世妥协，否则终被撒但套牢，深陷尼哥拉一党"犯罪也能得救"的错谬思想里。

神愿罪中沉迷的人悔改归正

主向着服从巴兰的行为和尼哥拉一党人的行为的众人说："所以你当悔改，若不悔改，我就快临到你那里，用我口中的剑攻击他们。"（启示录2章16节）

"我口中的剑"是指神的道，"用我口中的剑攻击他们"，表示用神的道光照他们的心思言行，使他们认清是非好歹能悔罪归正。神切愿多救他们一些人转离恶道，归入祂丰富的慈爱里。

用神的道规劝或责备那些偏离真道的人，使其醒悟自己的错谬，转离恶道，这是何等佳美的事！然而有些人有耳朵听不见；他们的耳朵向真理是闭塞的，是属灵的聋子。

神的儿女理当爱慕神的言语，乐于听取，正如箴言22章17节所说"你须侧耳听受智慧人的言语，留心领会我的知识"。神的言语有时仿佛是一种严厉的鞭挞，但对甘心领受并自省悔过的人裨益极大。

反之心高气傲、恶欲满腹的人，藐视神的道，不屑规劝和责备的圣训，耳朵爱听邪恶之言。正像箴言17章4节所说，"行恶的，留心听奸诈之言；说谎的，侧耳听邪恶之语"。

　　万物的结局近了，我们应当更加谨慎自守，警醒祷告，用神的道装备自己，免得入了异端，若是已被错谬思想所迷惑，就当留心倾听神的呼唤，迅速回转归正。

主对别迦摩教会的应许

"圣灵向众教会所说的话，凡有耳的，就应当听。
得胜的，我必将那隐藏的吗哪赐给他，
并赐他一块白石，石上写着新名，
除了那领受的以外，没有人能认识。"
（启示录2章17节）

　　我们要时常留心倾听圣灵的声音，若发现自己有巴兰的行为或尼哥拉一党人的行为倾向，就当迅速悔改归正。唯独恒心坚守对主的信念、本着笃定不变的信心应对诸事，才能成为得胜的人。神向这样的人承诺：恩赐隐藏的吗哪和白石（启示录2章17节）。

悔改归正必蒙永生的应许

"隐藏的吗哪"喻指我们的救主耶稣基督。吗哪原是出埃及的以色列民在旷野飘流时,神为他们降赐的食物。关于吗哪,经上描述为"样子像芫荽子,颜色是白的,滋味如同搀蜜的薄饼"(出埃及记16章31节)。这吗哪是用来维持肉身之生命的,叫人暂时得饱。

约翰福音6章49-51节说:"你们的祖宗在旷野吃过吗哪,还是死了。这是从天上降下来的粮,叫人吃了就不死。我是从天上降下来生命的粮;人若吃这粮,就必永远活着。我所要赐的粮,就是我的肉,为世人之生命所赐的。"

表明"主的肉"即神的道,就是属灵的吗哪,吃的人必得永生。

赐隐藏的吗哪,包蕴着因信耶稣基督而得蒙救恩的寓意,表示:即使是沉迷在适当主义信仰或者异端思想的人,只要藉着神的道,醒悟自己的错谬并认罪悔改,必得永生的应许。

那么主为何称这吗哪为"隐藏"的呢?

哥林多前书2章7、8节说:"我们讲的,乃是从前所隐藏、神奥秘的智慧,就是神在万世以前预定使我们得荣耀的。这智慧,世上有权有位的人没有一个知道的;他们若知道,就不把荣耀的主钉在十字架上了。"

耶稣被钉十架受难,是神在万世以前所定的旨意,旨在赎出全人类脱离罪和死亡。但这一旨意必须隐藏到指定的时候（参照《十字架之道》）。故称耶稣基督为"吗哪"，而且是"隐藏的吗哪"。

向悔改之人所赐"白石"的灵意

针对得胜的人，主不仅要赐他"隐藏的吗哪"，还要赐他"白石"。哥林多前书10章4节说："也都喝了一样的灵水；所喝的，是出于随着他们的灵磐石，那磐石就是基督。"由此可知"磐石"是耶稣基督的代称。

白色代表无罪无恶的洁净状态，故"白石"在这里代表毫无黑暗与罪恶、毫无瑕疵与玷污的耶稣基督。

因此，赐白石之意，就是人靠着神恩胜过罪恶，以"吗哪"即以主道为粮，并且谨守遵行，就可以获得信心的成长，终能使信心的根基立在磐石上，不至摇动（马太福音7章24、25节）。

还提到"石上写着新名"，那么这新名是什么呢？正如使徒行传4章11节-12节所说："他是你们匠人所弃的石头，已成了房角的头块石头。除他以外，别无拯救。因为在天下人间，没有赐下别的名，我们可以靠着得救。"那新名正是耶稣基督。

耶稣基督这一圣名，除了爱慕真理之道，并谨守遵行，倾力夯实自己信仰根基的人以外无人认清。未归信基督的人中偶有声称认识耶稣的，而他们所谓的认识，不过是把耶稣当作人世的圣人之一。他们不晓得耶稣是全人类的救主，并没有真正认识耶稣基督。

更令人痛惜的是，如今信耶稣的人当中，竟也有很多不配说认识主的。涉足教会、嘴上承认"主啊！我信"的，并非都是认识主的。唯独遵行主道、活出真理的，才是真正认识主的人。

为了从主领受"隐藏的吗哪"和"白石"，必须成为得胜的人。得胜是指脱去罪恶，稳立在真理的根基上，本着恒定不变的信心，活出真理的形像。

这样行的人才能从主领受"隐藏的吗哪"和刻有主名的"白石"，真正认识耶稣基督是谁，满怀属天的盼望，活出虔诚的信仰。

单在知识层面上积累真理的知识而不去践行的人，信心很难长进，对耶稣基督的恩典也不会有刻骨铭心的感悟。

有这样一类人，自己不遵行神的道，却借托"你们心灵固然愿意，肉体却软弱了"（马太福音26章41节）这段经文为自己辩护。这显然是一种狡辩，人心里实在愿意，必会付诸行动。

因为不是心底里情愿，而只是在脑子里揣想，所以会有"肉体软弱"的借口。凡存心定志的事必然呈现在行动上。

人从主领受"吗哪"并万事以前隐藏的奥秘，得着写有耶稣基督圣名的白石，必认识那圣名的实意，而且心里相信，从而甘心乐意地遵行神的道。

主对这样的人说"我认识你"并赐他们宝贵的约言——"我又赐给他们永生，他们永不灭亡，谁也不能从我手里把他们夺去。"

（约翰福音10章28节）

按真理而行的人才得永生

　　承认信神的人不一定都得救。约翰福音3章36节说："信子的人有永生；不信子的人得不着永生（原文作"不得见永生"），神的震怒常在他身上。"只有遵着主的教训，胜过罪恶的人，才能从耶稣基督领受得救的应许，他们才是真正认识耶稣基督之名的人。我们与主相交，不能一厢情愿，必须要主认可我们才行。

　　约翰福音10章25-27节说："我已经告诉你们，你们不信。我奉我父之名所行的事可以为我作见证。只是你们不信，因为你们不是我的羊。我的羊听我的声音，我也认识他们，他们也跟着我。"听见耶稣的声音就跟从祂的，耶稣才会对他说"我认识你"。

　　又在约翰一书1章6、7节说："我们若说是与神相交，却仍在黑暗里行，就是说谎话，不行真理了。我们若在光明中行，如同神在光明中，就彼此相交，他儿子耶稣的血也洗净我们一切的罪。"

　　按真理而行的人，才能与本为光的神相交。这样的人才是真正认识神和主，并且因信耶稣基督全罪得赦。

　　耶稣专讲真理、善道，并且奉神的名行了许多奇事和神迹，但很多人拒绝信祂。耶稣指着他们说："只是你们不信，因为你们不是我的羊。"

　　若是主的羊，即或不信，也会因主所讲的道和所作的事信祂。信的人必听从主的声音。这才是主的羊，主对他们说"我认识你"。

　　故我们应当顺从神的道，按真理而行，确实把握主所应许的永生福分，从而在生活的方方面面结满丰硕的善果。

第四章

吃喝祭偶像之物，
与世妥协的推雅推喇教会

在兴旺神国的圣工上，
推雅推喇教会蒙主的称赞：
"末后所行的善事，比起初所行的更多"。
但因圣徒们吃祭偶像之物和在教会中纵容
与耶洗别同流的自称先知，
与世俗妥协而受到责备。

这一信息同样也是向着如今沉迷在形式主
义信仰，与世俗妥协，
抗拒神道的众教会和信徒所赐的宝训。

启示录2章18-29节

18 "你要写信给推雅推喇教会的使者说,那眼目如火焰、脚像光明铜的神之子说:

19 我知道你的行为、爱心、信心、勤劳、忍耐,又知道你末后所行的善事,比起初所行的更多。

20 然而,有一件事我要责备你,就是你容让那自称是先知的妇人耶洗别教导我的仆人,引诱他们行奸淫,吃祭偶像之物。

21 我曾给她悔改的机会,她却不肯悔改她的淫行。

22 看哪,我要叫她病卧在床。那些与她行淫的人,若不悔改所行的,我也要叫他们同受大患难。

23 我又要杀死她的党类("党类"原文作"儿女"),叫众教会知道,我是那察看人肺腑心肠的,并要照你们的行为报应你们各人。

24 至于你们推雅推喇其余的人,就是一切不从那教训,不晓得他们素常所说撒但深奥之理的人,我告诉你们:我不将别的担子放在你们身上。

25 但你们已经有的,总要持守,直等到我来。

26 那得胜又遵守我命令到底的,我要赐给他权柄制伏列国。

27 他必用铁杖辖管他们("辖管"原文作"牧"),将他们如同窑户的瓦器打得粉碎,像我从我父领受的权柄一样。

28 我又要把晨星赐给他。

29 圣灵向众教会所说的话,凡有耳的,就应当听。"

主给推雅推喇教会的信

"你要写信给推雅推喇教会的使者说，
那眼目如火焰、脚像光明铜的神之子说："
（启示录2章18节）

  推雅推喇为当时重要的军事据点和交通枢纽，工商业繁荣发达。作为一个重要的制造中心，应需而生许多同业工会组织，包括染料工业、毛纺业、陶瓷业、制革业、制铜业、面食业等等。当时人们务须加入这些工会组织，否则生计就很难得到保障。
  问题是这些工会组织都与异教迷信有染，祭拜供奉他们所谓的守护神，并聚众吃喝祭偶像之物、与神庙的娼妓苟合淫乐，而这些庙会活动，工会成员是非参加不可的。
  基督徒要在这种环境中持守自己的信仰，有多不易可想而知。

推雅推喇教会的圣徒们也不例外，出于生计的考虑，他们不得不加入这些组织，其中有好些人为保住自己的营生，迫于无奈而参与那些祭拜仪式，去迎合世人的种种败坏习俗。

"眼目如火焰、脚像光明铜"的主

对推雅推喇教会圣徒们的信中，主介绍自己为"眼目如火焰、脚像光明铜"的神之子。"眼目如火焰"包含着照亮黑暗，带给温暖之意。

同时也寓含焚烧罪恶、鉴察人心、显明真理与非真理的灵意。主用火焰般的眼目鉴察人的心思意念，故称"眼目如火焰"。

又形容主的脚像光明铜，其中包含着怎样的灵意呢？启示录1章15节说："脚好像在炉中锻炼光明的铜，声音如同众水的声音。"炉中炼净的金、银、铜等金属干净无瑕。

精炼的金属纯度极高，质地光亮，价值昂贵。主的脚如同炼净的铜，洁净光明。脚是人体中最易染污的部位，完全、圣洁的主，连脚也是如同光明的铜一样纯净洁美。

将主的形像描述为"眼目如火焰、脚像光明铜"，意在提醒推雅推喇教会的圣徒们再一次感悟主的威荣。

在描述主威荣形像的同时强调祂"神之子"的身份，以显明祂与创造万有的全知全能之神原为一；祂有审判万有的权柄，是至圣至荣的神。

约翰福音20章31节说："但记这些事，要叫你们信耶稣是基督，是神的儿子，并且叫你们信了他，就可以因他的名得生命。"约翰一书4章15节说："凡认耶稣为神儿子的，神就住在他里面，他也住在神里面。"

天地间独有与神合一的主配得我们敬拜，祂是独一无二的真神，我们不可叩拜那些受造之物或人手雕刻的偶像。

论当今与推雅推喇教会同属一类的教会

如今教界类似推雅推喇教会的弊病，就是在"宗教适应社会"的幌子下，附和妥协本土民间宗教迷信风俗的倾向。

我国也有一些基督教团体允许信徒随从民间祭祖传统：虽称自己是信独一的真神、信耶稣为救主，倒是纵容这些世俗风习。缅怀并感恩祖先当然没错，但不能以此为名，向其祭拜祈福，这是正面抗拒神命的行为。

哥林多前书10章20节清楚地告诉我们"外邦人所献的祭是祭鬼，不是祭神，我不愿意你们与鬼相交。"

近来有些教会借托堂而皇之的理由，与那些拜偶像的宗教集团进行所谓的交流，甚至彼此庆贺祝福，好像这才是超越偏狭观念的宽容、慈悲，是追求人类和谐的进步思想。

然而，教会与拜偶像的宗教联手，是神所憎恶的。逢异教神灵记念日互赠贺信，或把拜偶像者请到神的殿里，这是亵渎神的行为。有的人也许不是蓄意的，而是出于对真理的无知，但这是违背神旨、敌对主神的行径。

对真理的错误认识所产生的典型现象

崇拜供奉受圣灵感孕生下耶稣的童贞女马利亚，就是对真理的错误认识而导致的典型弊病。他们执迷于崇拜童贞女马利亚的行为，认为那只是一种礼仪，对生救主耶稣的女人表示尊敬和感谢。

他们就这样误导对真理无知的信众向受造之人叩拜祈福。约翰福音19章26、27节记载："耶稣见母亲和他所爱的那门徒站在旁边，就对他母亲说：'母亲（原文作"妇人"），看你的儿子！'又对那门徒说：'看，你的母亲！'从此，那门徒就接她到自己家里去了。"

耶稣说"看你的儿子"，不是指着自己，而是指着站在旁边的门徒说的。耶稣从来都是称童贞女马利亚为"妇人"（以原文为准），而不是"母亲"。

而且耶稣称马利亚为母亲的记载，在整本圣经中无处可寻。耶稣行变水为酒的神迹时也指着童贞女马利亚说，"妇人（以原文为准），我与你有什么相干"（约翰福音第2章）。

神是"自有永有"的，非谁所生，非谁所造（出埃及记3章14节）。耶稣本有神的形像、与神原为一，祂岂能有母亲！耶稣从来不叫童贞女马利亚为母亲，因为她是一个受造的人。

耶稣的降生非因约瑟和马利亚的精子和卵子的结合，而是因着同神合一的圣灵大能的感孕。全能的神完全有能力不通过人的精子和卵子的结合，而藉着圣灵的能力，使耶稣在童女的腹中成胎。耶稣是借着马利亚的身子降生于世。

出埃及记20章3-5节说："除了我以外，你不可有别的神。不可为自己雕刻偶像；也不可作什么形像仿佛上天、下地和地底下、水中的百物。不可跪拜那些像；也不可侍奉它，因为我耶和华你的神，是忌邪的神。恨我的，我必追讨他的罪，自父及子，直到三四代；"

他们拜偶像的动机也许不是存心的，但他们因着按照人意形成的思想观念，不知不觉中做出违背神旨意的拜偶像行为。如果明知是偏离神旨意的事，却仍继续迷恋偶像崇拜，恣行违背真理的事，则无法领受神的恩典，更无法得到圣灵的帮助，心思越来越被撒但套牢，最终彻底被撒但掌控。

偏离真理的种种信仰误区

偏离真理的信仰误区，除此之外还有很多。例如：某些基督教团体允许信徒喝酒吸烟。这是否合理？论到烟酒的坏处，除了对自身的危害以外，更重的问题是由此引发的种种罪。哥林多前书3章17节说："若有人毁坏神的殿，神必要毁坏那人，因为神的殿是圣的，这殿就是你们。"我们的身体是神藉着圣灵居住的所在，断不可用酒和烟去玷污和败坏。

还有一种谬误值得我们澄清。在我们作罪人的时候，耶稣作了我们的中保，代赎了我们的全罪，使我们归回神的怀抱，作神的儿女。然而，有一类人主张神的儿女必须通过某个人作中保，才能与神建立关系。这无疑会伤透耶稣的心。

耶稣在十字架上殒命的时候，殿里的幔子从上到下裂为两半，显明神藉着耶稣给我们开了一条能够与神直接交通的途径。旧约时代，大祭司替百姓献赎罪的祭并为百姓代求，但自从耶稣为我们的罪作了挽回祭，我们便可直接与神相交。

凡信耶稣基督的人都可以进入神的殿中，直接向神敬拜、直接向神求告，无需祭司或先知中保（希伯来书10章19、20节）。

人的罪绝不会因某个所谓作中保的人宣告"你的罪赦了"就得赦了。赦人之罪的独有一位，就是我们在天的父神。也许有人借托"你们赦免谁的罪，谁的罪就赦免了；你们留下谁的罪，谁的罪就留下了"（约翰福音20章23节）这段主讲给门徒的话，试图为自己辩护，但必须认清这句话不是对任何人都起效的。

这是针对与神和主合而为一，蒙神的厚爱，得神信任和保障的人所言的。正如经上所说"义人祈祷所发的力量是大有功效的。"（雅各书5章16节），唯独得神的喜爱和保障的人所献上的祷告，才能蒙神垂听，使人蒙神的怜悯与恩慈。但这不是说义人的代求，可使所有的人罪蒙赦免；人的罪得赦与否，关键在于悔罪之人的态度。

约翰一书1章7节说:"我们若在光明中行,如同神在光明中,就彼此相交,他儿子耶稣的血也洗净我们一切的罪。"寻求赦罪之恩的人,必须在神面前诚然悔罪,并彻底转离恶途,遵行神的光明之道。

单在嘴上认罪,却不离开罪恶,仍在黑暗里行的人,即使一个蒙神厚爱和保障的人为他代求,也是得不到神的赦免,因为这不合公义的要求。更何况人的罪需靠某个人的中保代求可得赦免,这种主张显然与圣经的真义和神的旨意相悖。

主对推雅推喇教会的称赞之处

"我知道你的行为、爱心、信心、勤劳、忍耐，又知道你末后所行的善事，比起初所行的更多。"
（启示录2章19节）

　　主对推雅推喇教会说"我知道你的行为、爱心、信心、勤劳、忍耐"，也许有人认为这属于嘉许，但实非如此。主对他们只有一个称赞之处，就是"末后所行的善事，比起初所行的更多"。

　　以弗所教会因离弃了起初的爱心和起初的行为受主责备，而推雅推喇教会则因末后的行为表现比起初更加热切和深挚得主称赞。

推雅推喇教会的行为、爱心、信心、勤劳、忍耐

推雅推喇教会的"行为",是指他们为主所赐的兴旺神国的使命,即与拯救灵魂相关的事宜而付出的劳碌,如致力于传福音、探访信徒、宣教活动、施舍帮补等与拯救灵魂相关的圣工;在各种职事上忠心,侍奉教会和圣徒。

教会建立的目的在于拯救灵魂,兴旺神国。看到一些团体以兴旺神国的名义开办种种商业活动,往往其中暗藏着谋取私利的目的。这是神不喜悦的,他们内部发生矛盾和纷争是必然的。教会里决不能容许与世俗事业相关的事。就是信徒在教会里彼此谈论商务等世事闲话也都是神不喜悦的。

推雅推喇教会不仅致力于兴旺神国的圣工,而且也具备爱心。主内的弟兄彼此相爱是理所当然的,这爱必须是属灵的爱,体现在不求自己的益处,牺牲自己,舍己为人,甚至能为他人舍命。这爱是不变的真爱,即主向我们显明的爱。

"彼此相爱"是神的旨意(约翰一书4章7-8节),是主赐给我们的一条新命令,故我们应当爱神胜过一切,爱邻舍如同自己。

而且推雅推喇教会具备信心,信心与诚实的心灵息息相关。人心里不诚实,别人说真话也疑而不信。独有内里诚实的人才能感知别人的诚实,并信任以待。

这在信仰里也相仿,我们越是完善诚实的心灵,越能相信神的真道。希伯来书10章22节说"就当存着诚心和充足的信心来到神面前"，意即打造了诚心，才可以拥有充足的信心。

另外，推雅推喇教会有"勤劳"的一面，这里勤劳指得是在服侍上的殷勤，他们殷勤践行服侍的美德。本有神的形像的耶稣，取了奴仆的形像，成为人的样式，降在人间，就是为了服侍人（腓立比书2章6节）。马可福音10章45节说："因为人子来，并不是要受人的服侍，乃是要服侍人，并且要舍命，作多人的赎价。"

我们当效法主服侍的美德，爱神胜过一切，圣徒彼此服侍。神所认定的服侍，无论何时何境，不论何人何事，都以诚为之。看别人比自己强的人，他们的服侍一定不是单在行为层面上的，而是发自内心的真诚，从而赢得周围人由衷的尊敬和爱戴。

最后，推雅推喇教会还活出了"忍耐"。马太福音7章13、14节说："你们要进窄门。因为引到灭亡，那门是宽的，路是大的，进去的人也多；引到永生，那门是窄的，路是小的，找着的人也少。"

通往天国的路是狭窄的，在信仰的历程上我们需要付出很多的忍耐。弃罪离恶的工夫要到流血的地步；为拯救灵魂，兴旺神国，需要多方祷告禁食；还要甘心为了主名承受无辜的苦和难。

人信心尚还弱小的时候，对有些事也许感到力不从心，或者有停下来休息的念头。但正如罗马书8章18节所说"我想，现在的苦楚若比起将来要显于我们的荣耀，就不足介意了"，只要坚信恒心忍耐一切之后必获极大的尊荣与赏赐，我们就能够重新振作，奋力前行。

我们的信心至少处在磐石水准,才不会做出勉强的忍耐,无论何时何境都能满怀喜乐与感恩,以平静安稳的心,奔走天路历程,正如罗马书5章3、4节所说"不但如此,就是在患难中也是欢欢喜喜的。因为知道患难生忍耐,忍耐生老练,老练生盼望"一样。

神要的是我们的诚实的心灵和真实的信心

前面提到主对推雅推喇教会的称赞之处,仅仅是他们末后所行的善事,比起初所行的更多,而不是他们在行为、爱心、信心等方面合神心意。因此,这段话中并未含着真正称赞的含义。

主称他们在信仰上的行为、爱心、信心、勤劳、忍耐等这些善事比以前更多,是指着表面行为说的。因此,主的这段话实则旨在提醒他们对自己表面行为是否出于真诚进行反思。

从表面上看,他们救济等种种善行越发增多,然而他们应当查验那些行为的动机究竟在何处?应当深省自己是否把善行显露在人前,故意叫人看见。

重要的不是外在表现,而是内里诚实,凭着真实的信心活出的善才是真善。即使成就可观的圣工规模,并有信心、勤劳(服侍)、忍耐等行为相伴,若不是发自内心真诚,是不能得主认可的。

例如:开展施舍帮补的善工时,若是抱着"我们是这样广行施舍，多做善事；这才是仁爱的体现、信心的凭证"这种自满情绪，或炫示心态，在参透人肺腑心肠的神看来，并不是真实的善行。

有些人就是这样表面上看似对神的圣工满有热心、信仰行为积极火热，却得不到神的认可。殷勤侍奉，关爱圣徒，谦卑服侍，广行善事，显出虔诚的基督徒形像，但却忽略了内心的割礼、停歇弃恶成圣的工夫。

他们行事非靠上头来的圣灵充满和对天国的盼望，而是靠着那种属肉体的热心或忠诚。为教会侍奉、圣徒间的交接、教会各项聚会活动发出热心，积极努力行神所喜悦的事，乃是圣徒理所应当做的。

然而更重要的是诚然寻求神的恩典与能力，追求灵性日益更新，不断往灵里进深，这样的人所做出的侍奉才是出于信心的真侍奉，所付出的牺牲和辛劳必得神的认可。

没有行为的信心是死的，没有信心的行为也是毫无意义的。一个人即使担负许多工作，若是不做弃恶的努力，不随从圣灵的善工，就不能确定具有真正的信心。因为这不是属灵的信仰生活。

他们听了神的道，一旦不合自己的想法，就犹疑不定，不能顺从，也领悟不到神的心意。历经多年的信仰，仍旧停留在属肉体的信心表层。靠外在的殷勤或许也可赢得别人的称赞，但决不能得到察看人内心的神的认可。

如今也有很多人轻忽内心的虔诚，注重表面行为，要得人的赞赏，或者囿于种种误导，迷失于错误的信仰。我们应当时刻警醒，免得走进这些信仰误区。

前几年一位被人们誉为贫民圣人的修女与世长辞，她生平致力于帮助全球贫民的慈善事业，把一生都奉献给了世界上最穷苦的人们，曾获得诺贝尔和平奖并列入真福品（仅次于圣品；受信徒敬仰）。 然而从她一封信中的话，人们震惊地发现她原来一直生活在严重信仰危机中。

美国影响最大的周刊《TIME》（《时代周刊》）最近一期刊登这样几段内容："从侍奉活动之初到命终，她未曾感悟到神的存在"，"她把自己所承受的内心的痛苦比作地狱的煎熬，甚至承认有一段时间对天国和神的存在产生质疑"。

她虽然倾其一生为贫穷孤苦的人群服务，博得世界崇高赞誉和景仰，然而却未能拥有神所认可的纯正信仰；她生平未曾体验神的作为，更未经历神的同在和应允。

故我们应当竭力活出主道，使末后的善行比起初更多，本着诚实的心灵和真实的信心为人处事，得蒙神的记念和称许。

主对推雅推喇教会的责备之处

"然而,有一件事我要责备你,
就是你容让那自称是先知的妇人耶洗别教导我的仆人,
引诱他们行奸淫,吃祭偶像之物。
我曾给她悔改的机会,她却不肯悔改她的淫行。
看哪,我要叫她病卧在床。那些与她行淫的人,
若不悔改所行的,我也要叫他们同受大患难。
我又要杀死她的党类("党类"原文作"儿女"),
叫众教会知道,我是那察看人肺腑心肠的,
并要照你们的行为报应你们各人。"
(启示录2章20-23节)

　　推雅推喇教会虽有属肉层面上的热心和忠诚,但在内心的割礼

上没有付出殷勤，倒受那像耶洗别一样的假先知的迷惑，犯了吃喝祭偶像之物的罪。这是主对他们的责备之处。

容让自称先知耶洗别的推雅推喇教会

耶洗别是公元前9世纪北朝以色列国王亚哈的王后，是西顿王谒巴力的女儿。这个外邦女子嫁给亚哈王时，将西顿人所拜的偶像巴力和亚舍拉引进以色列，使亚哈王和众臣乃至百姓陷入拜偶像的罪中。

尽管看见以利亚向神祷告，降火显应，以及降下透雨解除长久干旱等神迹奇事，耶洗别仍旧不肯悔改，反而千方百计地要除灭以利亚。她怂恿亚哈王行各样不义之事，她玩弄阴谋权术，陷害良民，无恶不作，最终照以利亚的预言，落得尸首被野狗吃尽的悲惨下场。

受耶洗别鼓动而行恶的亚哈王，也受神的咒诅而惨死战场。耶洗别引诱百姓陷在拜偶像的罪里，导致通国遭受持续三年半的旱灾，并遭外族入侵，国无宁日，民不聊生（列王纪上17章1节；雅各书5章17节）。

推雅推喇教会容让像耶洗别一样的邪恶根源，导致渐渐习染罪恶。

哥林多后书6章14-16节说："你们和不信的原不相配，不要同负一轭。义和不义有什么相交呢？光明和黑暗有什么相通呢？基督和彼列（"彼列"就是撒但的别名）有什么相和呢？信主的和不信主的有什么相干呢？神的殿和偶像有什么相同呢？因为我们是永生神的殿，就如神曾说：'我要在他们中间居住，在他们中间来往。我要作他们的神，他们要作我的子民。'"

神告诫祂自己的儿女不可与恶人连合，教会更不可容让世俗风气的渗透，或用偏离真理的教训迷惑圣徒的行径。

而且在婚姻、事业等日常生活方面也不要与抗拒神的人连合，免得招致试探与患难。与抗拒神旨意的人合作共事，自己无论如何追求真理，在信仰上也难免受到亏损，不知不觉中受其熏染，入了迷惑。

好比两头牛同负一轭，一头总要朝别的方向走，或偷懒耍滑不肯配合，另一头便很难前行，不得效力。跟与神为敌的人联手，不仅有碍于灵命的成长，而且也会成为蒙神赐福的障碍。

但这并非叫人排斥公司或家里不信的人，而是提醒不能相交或附和耶洗别一样的人。

推雅推喇教会因吃祭偶像之物而受主责备

推雅推喇教会因容让像自称先知耶洗别那样的恶人引诱圣徒行淫，吃祭偶像之物而受到主的责备。

"吃祭偶像之物"的字面意义是：吃祭偶像的坛上摆过的供

品，但此处要表明的是更深层的问题，就是他们吃那些食物的同时所犯的种种罪行，也就是说圣徒参加异教祭拜仪式，采取默认、迎合的态度，甚者与拜偶像者一同行淫。

使徒行传第15章里记载，在使徒会议上决议要让领受福音的外邦人谨忌四条禁项，即"祭偶像的物和血，并勒死的牲畜和奸淫"。

犹太人从小接受严谨的律法教育，因此持守神的禁律并不难。而外邦人则不同，要求他们全守神的律法却是很不容易的。于是使徒聚会商议决定针对外邦人，除了上述几条禁项以外其它可以宽容。

其中包括禁戒祭偶像之物，因为亲近祭偶像之物，容易沾染拜偶像的风俗或深陷与之相关的诸罪中。"凡神所造的物都是好的，若感谢着领受，就没有一样可弃的"（提摩太前书4章4节）。若不是参与对偶像的祭拜，即便吃了坛上摆过的食物，也未必有罪。虽然是在祭偶像的坛上摆过的，但所有食物本来是神赐人享用的，只要凭着信心吃就没有问题。

哥林多前书8章7节说："但人不都有这等知识。有人到如今因拜惯了偶像，就以为所吃的是祭偶像之物，他们的良心既然软弱，也就污秽了。"意思是信心软弱的人以为"吃祭偶像之物是罪"，却仍要去吃，便是污秽了自己的良心。

哥林多前书8章10节说："若有人见你这有知识的在偶像的庙里

坐席,这人的良心若是软弱,岂不放胆去吃那祭偶像之物吗?"信心软弱的人看见就想:"他们信心那么大还吃祭偶像之物,我更无需顾虑了",若是这样无所分辨地吃喝,恐怕染上拜偶像这一更重之罪。

因此,即使有吃祭偶像之物的信心,若是考虑到信心软弱的弟兄有可能跌倒,我们就应该不吃。

行淫和祭偶像之物的属灵含义

这里"行淫"或"吃祭偶像之物"不单表示具体行为,而包含着更深层的灵意:首先,行淫表示神的儿女爱某种东西过于爱神,或侍奉神所憎恶的偶像。

其次,吃祭偶像之物所包含的灵意是:与诱惑圣徒沉迷世俗享乐、随从非真理的人一同吃喝,效学他们的行为。推雅推喇教会因容让"耶洗别",使灵里的淫行和拜偶像的陋习在教会中滋生而受主责备。

尤其在同业工会组织十分发达的推雅推喇,圣徒们身为从业组织中的一员,经常受到偶像崇拜的诱惑。为了行业的发展,工会成员务须参与祭拜活动,若不参与,会遭到非议和责难,甚或被革除会籍,面临生存危机。这样的事件在当时频频发生,在这种情况下,假如有一个自称有信的人迷惑说:

"又不是心里信,低头做个样式,不就跟大家和气了么,何必那样自命清高。"

"一意孤行打破和睦，岂不是不荣耀神、叫福音受阻吗？为了领周围人归主，低一下头也是一种智慧。"

他们明知不合乎真理，却编造堂而皇之的理由把自己的行为合理化，像耶洗别那样迷惑别人。这样的人若成为教会领袖或主的仆人，会怎么样呢？

如果公然鼓动圣徒"跟我一起抗拒神、一起犯罪"，圣徒必定立刻警觉，避而远之。但若假借神的道，诡秘地伪装自己，谎称自己是与神交通的先知、神重用的仆人，进行煽惑引诱，信心稚弱的信徒就有可能轻易受其迷惑。

真正的神人、先知必有神同在的见证，显现仁爱、良善、温柔、谦和、服侍等圣灵的果子和光明的果子，尤其常蒙神的保障，必有权柄能力即权能随时相伴。

无需表明自己是先知，有圣灵同工的人，凭着他们的果子，就可以认出他们是神人。反之，像"自称先知的妇人耶洗别"一样的人，只要用真道去分辨，必能戳穿他们的本质。

正如申命记18章22节所说："先知托耶和华的名说话，所说的若不成就，也无效验，这就是耶和华所未曾吩咐的，是那先知擅自说的，你不要怕他。"

教会不能容忍假先知的理由

自称先知的假先知专事恶语诽谤、论断定罪、捏造谎言，他们贪图私利，离间圣徒，破坏和睦，在教会专行扰乱。

他们的教训并非意在引导圣徒爱神，而是变相灌输属世的观念，叫人体贴肉体；而且竭力标榜自己，要得众人的追捧和服侍。与这等人相处交往，不知不觉中会受其错谬思想的熏染。因此教会里不能纵容类似耶洗别一样的人，更不能容让假先知迷惑圣徒，免得圣徒受其蛊惑陷在罪中。当然真正的牧者对群羊中那些不顺从的，甚至自称先知试探圣徒的，也要以爱挂怀、用心忍耐，并竭力引入真理。

但尽管教会里"撒但一会"滋长蔓延，或像耶洗别那样迷惑圣徒引向死亡的人恣行毁坏之工，却仍持之以所谓"宽容"的态度，这绝不是爱。马太福音18章15-17节详细讲述怎样处置那些搅乱教会的人："倘若你的弟兄得罪你，你就去趁着只有他和你在一处的时候，指出他的错来。他若听你，你便得了你的弟兄；他若不听，你就另外带一两个人同去，要凭两三个人的口作见证，句句都可定准。若是不听他们，就告诉教会；若是不听教会，就看他像外邦人和税吏一样。"

应当照神所指示的次序而行，当一个人认罪悔改时，我们应当予以宽容，并遮掩曾犯的错误。可是对那些不肯回转，继续亵渎教会，羞辱神荣耀的人，我们不能对他听之任之，应按圣经的原则妥善办理，但一定要怀着主"压伤的芦苇不折断；将残的灯火不吹灭"

的心肠（马太福音12章20节）。

赐人悔改机会的神

　　人在神面前犯罪，并非立时临到责打管教。神对犯罪的人总要给予很多机会，通过证道信息或藉着圣灵的声音，叫人醒悟自己的罪并认罪悔改。

　　若是继续硬着心不肯回转，就会受撒但的控告，并受相应的责罚。但并非起初就临到重罚，而是由轻渐重，若受了管教仍不回转，责罚就会越发加重。

　　就以色列人出埃及前降于埃及的十灾为例，因埃及王法老抗拒神的旨意，最初埃及全地的江河都变成了血，埃及人就不能吃河里的水，继而遭受蛙灾：青蛙从埃及诸水中上来，遮满了埃及全境，连卧房，甚至餐具里也爬满了青蛙。

　　上述这些灾虽带来一定的扰害和痛苦，但还不到致命的程度或无可挽回的地步。此时如若及时回转，就不会遭受更重的灾，但法老遭灾时表示降服，等到灾殃止息复又反悔，再次抗拒神的旨意，导致所受的灾一次比一次严重。

　　又遇瘟灾、疮灾等疾病之苦；再经雹灾、蝗灾，财产受到巨大损失。尽管遭受接踵而至的重灾，法老仍旧不肯回转，因而从法老的长子到众臣，乃至百姓、奴婢，甚至牲畜一切头生的一夜之间全被灭杀，最后法老及其率领的埃及追兵全军覆没，身葬红海（参照专题讲道集《悖逆的人生·顺从的人生》)。

箴言3章11节说:"我儿,你不可轻看耶和华的管教(或作"惩治"),也不可厌烦他的责备。"神的儿女若是偏离神的旨意,内住的圣灵就会叹息,从而失去平安,感到愁苦烦闷。

神藉着种种遭际让人自我发现谬误,若是仍旧执迷不悟,才允准责罚管教临到他们。经过撒但的控告,他们或遭遇疾病和意外事故而失去健康;或家庭、工作和事业上出现问题、财产受损。

当所收纳的儿女偏离真道时,神就使他们受管教以获悔改的机会。若是犯了错误也没有管教,说明这人已是与神毫不相干,这着实是令人胆战心惊的事(希伯来书12章8节)。

因自己的错而受管教时,不能灰心、气馁,应当从心底里谢恩并迅速回转。这样,满有怜恤和恩慈的神,必赦免我们一切的罪,救我们脱离患难与灾祸,常享平安稳妥。

得遇悔改的机会却不肯回转的结果

神通过管教给人以悔改的机会,可是人若不去把握,仍旧顽冥不化,在地上必吃他行为所结的果子,在末日必受永死的审判。

主多次给予推雅推喇教会悔改的机会,但他们不肯悔改,于是陷入深重的患难。启示录2章22节说:"看哪,我要叫她病卧在床。那些与她行淫的人,若不悔改所行的,我也要叫他们同受大患难。"

床本是给人们带来温馨和安息之处，但从灵意上看，这里床乃是耶洗别行可憎之事的地方、神所憎嫌厌弃之场所。因此，"我要叫她病卧在床"意指神要把那些不愿把握悔改机会，不肯转离恶道的人，弃置于大试炼与患难之中。

看见作恶的人没有即时受报遭殃，照旧安然度日，有的人则抱怨"神若真是活着，为什么不报应作恶的人？"

然而诗篇37篇记载"不要为作恶的心怀不平，也不要向那行不义的生出嫉妒。因为他们如草快被割下，又如青菜快要枯干。……还有片时，恶人要归于无有。你就是细察他的住处，也要归于无有。"

恶人的亨通腾达是暂时的；起初如同安卧床榻闲逸自得，一旦越过了公义的底线，审判必定忽然临到他们。就算活着的时候没有报应，至终享乐顺遂，但其结局是永远的死亡——被丢在地狱的烈焰中永受苦刑。

不明白这些道理的人，觉得耶洗别的床榻闲适逸乐，羡慕依恋，以至迷了心窍，同流合污，深陷其罪。主针对这些人说"若不悔改所行的，我也要叫他们同受大患难"。

这里"大患难"意味着不得救而落入地狱；若是活着见主降临空中而不被提的人则要落在七年大灾难中。

按着公义审判的神

一个人犯罪所导致的灾殃不单关涉到个人层面，而且蔓延到更为宽泛的领域。

首先是代表一个国家的元首犯罪，会导致通国陷入患难；其次是教会为首的主的仆人偏离正道，会导致整个教会卷入试炼；再次是家庭的一员犯罪，会导致全家遭遇试探、患难。

耶洗别与这三种情况均有关涉。她身为一国之母，引诱丈夫亚哈王和众臣乃至百姓陷在罪中，并且把拜偶像的人立为宗教领袖。结果全国遭受三年半滴雨不下的严重旱灾，耶洗别自己最终也落得惨死的结局。

总之，举国性的战乱或者重灾都不是偶然发生的，而与公义的法则息息相关。无论公司、教会均不例外。职位越高责任越重，为首的人务要行事端正，警醒祷告，才能使组织局面安定，即使面临试探、患难，也能迅速击退。

神用火焰般的眼目察看人的肺腑心肠，参透人的一切隐秘之事。像耶洗别一样蛊惑他人拜偶像的和那些迷了心窍同拜偶像的，都必受到神公义的审判。

启示录2章23节说："我又要杀死她的党类（"党类"原文作"儿女"），叫众教会知道，我是那察看人肺腑心肠的，并要照你们的行为报应你们各人。"

这里"要杀死她的儿女"（以原文为准）包含着宽泛的意义，是指因违背公义而临到的惩罚或灾殃，而并非专指儿女。人犯了罪或导致丈夫、妻子等亲人遭灾，或招致经济危机、灾病之害。这是神公义的体现，叫人知道神是鉴察人言语行为，甚至参透人心思意念的神。

当然在人遭灾之前，神藉着各种途径让人醒悟自己的罪，比如让人通过讲道者口中的信息认清自己的罪愆，或通过某个人提醒他们的错谬。

我们若有辨别真道的属灵的耳朵，可随时体悟到看透人肺腑心肠的神奇妙的善工。箴言15章3节说："耶和华的眼目无处不在，恶人善人，他都鉴察。"诗篇139篇3节说："我行路，我躺卧，你都细察，你也深知我一切所行的。"

全知全能的神参透人一言一行，一思一念，就是人深藏在内心的主意也都清晰辨明。瞬间一个不怀善意的瞟睨，神都看在眼中；人在暗中所行的小小善举，也会在审判之日清晰地呈现（彼得前书3章10-12节）。

故我们应当侧耳倾听遍察万事的神口中的言语，时刻警醒，谨慎自守，免得迷从耶洗别的教训而陷在罪中。

主对推雅推喇教会的劝勉及应许

"至于你们推雅推喇其余的人,就是一切不从那教训,
不晓得他们素常所说撒但深奥之理的人,我告诉你们:
我不将别的担子放在你们身上。但你们已经有的,
总要持守,直等到我来。那得胜又遵守我命令到底的,
我要赐给他权柄制伏列国。
他必用铁杖辖管他们("辖管"原文作"牧"),
将他们如同窑户的瓦器打得粉碎,
像我从我父领受的权柄一样。我又要把晨星赐给他。
圣灵向众教会所说的话,凡有耳的,就应当听!"
(启示录2章24-29节)

神是照行为报应各人的公义之神,也是恒久忍耐的慈爱之神。

正如彼得后书3章9节所说，"主所应许的尚未成就，有人以为他是耽延，其实不是耽延，乃是宽容你们，不愿有一人沉沦，乃愿人人都悔改"，神愿人人都能悔改，领受祂的救恩。

神这般心意同样也蕴含在对推雅推喇教会的劝言中。主不愿弃绝不肯悔改的推雅推喇教会，再次向他们讲说劝言。

针对不悔改的推雅推喇教会的劝勉

推雅推喇教会"一切不从那教训的人"，是指尚未具备行道能力的初信徒。虽然殷勤听道，但还没有具备赖以行道的信心。

又称他们为"不晓得他们素常所说撒但深奥之理的人"，这也是指着如今宣称信神，却对撒但的工作无所分辨，在无知当中委身于拜偶像的宗教集团的民众而言的。

懂法守法的公民，可以安然度日；对法律无知者，则容易误犯法规而受到制裁。这在灵里也相仿：不明白真理，容易受迷惑而违背神的法则，受到相应的责罚。

当然，犯了同样的罪，按人信心的水准，所受的刑罚会呈现差异。比如，初信徒犯安息日和有一定信仰阅历的人犯安息日，其罪的轻重当然是有区别的。

同样是论断、批评别人，不明真理的人和明白真理的人所受的报应是截然不同的。人若明知批评弟兄，论断弟兄等同于自作立法者和审判主，是一宗大罪（雅各书4章11节），却故意为之，那么这将给撒但留下控告的机会。

总之,属灵的世界精奥玄妙而又次序井然,撒但的工作也是相对复杂诡秘而又深浅有别。对属灵世界的奥秘,初信徒是懵懂无知的,因此说"不晓得撒但深奥之理"。

推雅推喇教会回转不力的根由

推雅推喇教会的圣徒们因不晓得撒但深奥之理,信仰处在稚弱的阶段,尚未开启属灵的眼睛,尚不具备行道的能力。虽然承认爱神,仍旧恋慕世界,未能脱去陈风旧习。

按人的成长阶段来讲,他们的信心水准相当于吃奶或吃粥的婴孩。于是主对他们说"我不将别的担子放在你们身上",但又加了一句,"但你们已经有的,总要持守,直等到我来"(启示录2章25节)。

主要求他们的不是成全圣洁,或者具备权能等高深的层次,而仅仅是持守现在所及的信仰程度,把握救恩(哥林多前书3章1、2节)。

当然这话不是叫人只要维持现状,不用努力进取,"这个程度算是可以了,该停下来休息休息",人若体贴这种想法,好比船夫逆流行船,中途停桨歇橹,定会前功尽弃。

万物的结局已近的今天,这种信仰态度会带来更严重的后果。我们众人应当铭记这一教训,爱惜光阴,加倍努力向灵进深,活出充满热诚的信仰境界。

主对推雅推喇教会的应许

主对处在幼稚信仰状态的推雅推喇教会说了一句劝言后,接着向他们承诺:"那得胜又遵守我命令到底的,我要赐给他权柄制伏列国。"

这里"得胜"是指胜过幽暗世界的主宰魔鬼、撒但,即遵行神真理之道,脱去一切暗昧之事,活出光明的形像。

"遵守我命令"是指效法主的美行,顺从神的教导,拯救失丧灵魂,兴旺神的国度,得主神的喜悦。对这样的人,主要赐他制伏列国的权柄,即在地上制伏管辖列国的仇敌魔鬼、撒但的权柄。

神创造天地,又造了人类的始祖亚当,并赐他管理天下万国的权柄(创世记1章28节)。后来亚当入了撒但的迷惑,悖逆神的命令,其权柄便落到魔鬼、撒但的手中(路加福音4章5、6节)。

当然,神允准于仇敌魔鬼的这一权柄,只限在神耕作人类期间有效,而且不能管辖一切归信基督,成为神儿女的人。耶稣降世为人,被钉十架受死,埋葬,第三天打破死亡权势,复活得胜,赎出我们脱离魔鬼的辖制。凡接待耶稣作救主的人,都可获得神儿女的权柄,并脱离魔鬼的黑暗权势,成为天国的子民(约翰福音1章12节)。

因此,蒙恩得救的人不能再迷恋仇敌魔鬼、撒但所管辖的幽暗世界,而当一心追求真理,恒心遵守神的光明圣道。如前所说,这就是"得胜的"、"遵守主命令到底"。

仇敌魔鬼千方百计地阻挠神的儿女活出真理。撒但用各种手段迷惑信众,如教唆圣徒以种种借口回避祷告,或挑起疑心打消信志,或蛊惑人心与神疏远反而追随今世的风俗。

戳穿仇敌魔鬼的伎俩,攻破其搅扰拦阻,竭力遵行神道,我们就可以胜过世界,直至彻底制伏魔鬼。

谨守神的道,活出完全的形像,就可获得更大的权柄和能力,能够制伏幽暗世界的主宰魔鬼、撒但;离弃各样的恶事,达到成圣的境地,便丝毫不受那恶者之害(约翰一书5章18节)。

神的审判临到的情况

在属灵争战中败于黑暗权势之下的人,仍要活在魔鬼的辖制当中。特别是服从尼哥拉一党、巴兰,或耶洗别之流行为的,他们是甘心奴役于魔鬼、撒但的,最终必受神严厉的审判。

对此启示录2章27节说:"他必用铁杖辖管他们("辖管"原文作"牧"),将他们如同窑户的瓦器打得粉碎,像我从我父领受的权柄一样。"

这里"瓦器"寓指用泥土所造的人。用铁杖将他们如同窑户的瓦器打得粉碎,乃表示神的权威。

人是神照自己的形像造的,本是属灵的、是尊贵的,却因犯罪导致灵死,沦为魔鬼的儿女,好像一文不值的瓦器。因此,打碎瓦器所包含的灵意是：听了真理之道却不遵行，甘心服从仇敌魔鬼的人，最终必然遭到弃绝。

约翰福音12章48节说："弃绝我、不领受我话的人，有审判他的，就是我所讲的道在末日要审判他。"不从心里领受神真理之道的人，在末日必按神的道受到公义的审判。

然而对那些把神的道存在心里，遵守主的命令到底的人，主会赐他们粉碎魔鬼、撒但黑暗权势的属灵光明之权柄，正如经上所说"像我从我父领受的权柄一样"。

主又对这样的人说："我又要把晨星赐给他"。晨星是天空一颗最亮的星，代指主。启示录22章16节说："我耶稣差遣我的使者为众教会将这些事向你们证明。我是大卫的根，又是他的后裔。我是明亮的晨星。"

因此，赐"晨星"意味着神怎样爱并肯定圣子，也要怎样爱并肯定遵行祂的道、胜过撒但的人。

信耶稣基督，除去一切恶事，殷勤遵行神道，就可以渐渐效成主的性情，成为属灵的人。因模成了神子耶稣的形像，合乎圣洁、完全，被认定为神的儿子。

然而，自称有信，却不遵行神的道，向仇敌魔鬼、撒但服输的人，不能领受"晨星"，神也不认他为自己的儿女，故与救恩毫不相干。

神因着慈爱切愿众人明白真理获得救恩

神是公义的神,照行为报应各人。至于那些因未能辨别撒但诡秘伎俩而随从错谬教义,后来清醒并且悔改的,神说,不将别的担子放在他们身上(启示录2章24节)。

但论到那些明知是撒但的引诱,却把心思交给撒但的人,即使彻底悔改并且归正,还是免不了当得的报应。当然这也是出于神的爱,旨在造就他们成为完全,能够蒙赐上好的福分。

故蒙恩得救的圣徒,应当紧紧把握救恩,不要错失良机,直至迎接主的那日,恒心不变地直奔天路。为了多救一些人,神至今不停地用真理提醒各人,以深切的呼声召唤迷失方向的灵魂归入正道。对那些宣称信神,却入了撒但的迷惑而走向死亡的人们,更以深切的怜悯,要为他们开辟获救的途径。

孩子出生后,身量会随着岁月的加增而成长,这在信仰里面也相仿:属灵的生命是需要不断长进的。属灵生命的成长不单指行为层面,还包括弃恶成圣,亦即造就神所喜悦的圣洁心灵。

表面上殷勤侍奉、积极效忠,却不注重内心的成圣,不追求灵命的长进,这不是纯正的信仰。孩子随着身量的增长,心智会达到相应的水准,同样,归主重生的人不但追求外在德行的日趋完善,更要注重内在灵命的不断增长。

推雅推喇教会因为没有取得属灵生命的长进,依旧停留在幼稚的信仰水准上,所以未能从神领受对天国赏赐的应许,而只是受到

"持守已经有的，就可以获得救恩"的应许。我们断不能重蹈推雅推喇教会的覆辙，免得落成惭愧的信仰。

如以弗所书4章13节所说"直等到我们众人在真道上同归于一，认识神的儿子，得以长大成人，满有基督长成的身量"，愿众教会和圣徒，力求灵命不断长进，活出得神喜悦的形像。

第五章

名存实亡的小型教会
撒狄教会

主痛心地责备这所教会说:
"按名你是活的,其实是死的"。
他们宣称信主,
却没有行为,信心是死的。
但撒狄教会信徒中,
还有几名是努力持守信仰的。

这是给如今需要脱离死的信心,
代之以与行为并行的真信心的众教会
和其中努力行道,
警醒祷告的圣徒所传递的圣训。

启示录3章1-6节

¹"你要写信给撒狄教会的使者说,那有神的七灵和七星的说:

我知道你的行为,按名你是活的,其实是死的。

²你要警醒,坚固那剩下将要衰微的("衰微"原文作"死"),因我见你的行为,在我神面前,没有一样是完全的。

³所以要回想你是怎样领受,怎样听见的,又要遵守,并要悔改。若不警醒,我必临到你那里,如同贼一样。我几时临到,你也决不能知道。

⁴然而在撒狄,你还有几名是未曾污秽自己衣服的,他们要穿白衣与我同行,因为他们是配得过的。

⁵凡得胜的,必这样穿白衣,我也必不从生命册上涂抹他的名,且要在我父面前和我父众使者面前认他的名。

⁶圣灵向众教会所说的话,凡有耳的,就应当听。"

主给撒狄教会的信

"你要写信给撒狄教会的使者说,那有神的七灵和七星的说:"
(启示录3章1节)

撒狄这座都城当时织染工业十分发达,繁荣富裕,奢华堕落、道德沦丧,建有大型神庙,为异教偶像崇拜的中心。处在这种环境中的撒狄教会,未能建立真信心。

有神的七灵的主

写信给撒狄教会的主称自己为"有神的七灵和七星的","七灵"是指本为灵的神的心。

神的心浓缩在圣经66卷书中,其中详细记录着得神的喜悦、蒙神的应允等方法,七灵代表神的心和应允的标准。

"七"这个数字并不表示神的灵有七个分支,而是包含"完全"的灵意。约翰福音4章24节说"神是灵","七灵"代表神完全的灵。神遍察普世万民,是藉着所差遣的神的心即七灵所成就的（启示录5章6节）。

七灵察看各人的心思言行,并照着公义应允和赐福那些合神心意的人。七灵好比一杆秤,是成全人所求的衡量标准。就像我们买肉或买菜根据计量付钱一样,我们蒙神的应允,也要照七灵的测量标准,满足相应的条件。

那么,七灵包含着哪些测定标准作为应允人的依据呢?七灵分毫不差地测定各人的心思意念和言语行为,大体包括七个方面。

有神的七灵和七星的主

首先,七灵测定信心。所测定的是有行为并行的属灵的信心。而知识上的信心,即属肉的信心不包括在测定范围内。属灵的信心是指神的道即使不合自己思想和知识也能从心里相信的信仰状态;相信使无变有的创造大能,谨遵神的道而行。属灵的信心是神按人弃恶成圣的程度所赐的。

其次, 七灵测定喜乐。常存喜乐是有信的凭据,因为对神持定坚实的信赖,对神所求必应的约言深信不疑的人,在任何一种现实境遇中都能活出"常常喜乐"的信仰境界。属灵的喜乐来自平安的心境，只要不设置罪墙，保持与神和好，心中一定常有满足的喜乐。

再次，七灵测定祷告。测定人的祈求是否合神的心意。合神心意的祷告是：恒心不住、按时照常、屈膝谦恭、专心竭诚，尽力恳切的呼求。神不以貌取人，而察看人的内心，因此我们祷告要专心，不可凭着私欲贪婪，务要照神的旨意，本着信心和爱心向神献上，才蒙悦纳。

第四，七灵测定感谢。有信的人在任何环境和条件下都能向神谢恩。遇到好事感恩称谢，遇到难处怨天尤人，这不是真信心，也不合七灵的测定标准，所以会使应允耽延。

第五，七灵测定守诫命。圣经上有诸多诫命，可归为四类：当行、当戒、当守、当弃。其中十诫是圣经上一切诫命的浓缩。七灵测定的第五项就是能否遵守十诫。约翰一书5章3节说："我们遵守神的诫命，这就是爱他了，并且他的诫命不是难守的"。我们遵守诫命，就是爱神的凭证。

第六，七灵测定忠心。这里讲的忠心不仅关涉到圣工，也关涉到家庭、工作，乃至一切周身之事。有信的人会把主的工放在首位，但不会由此轻忽家庭或公司，尽力做到全家尽忠。重要的是要做到属灵的忠心，就是作内心的割礼，作成弃罪的工夫。唯独模成神的心，活出舍命的尽忠，才是合神心意的全备的忠心、属灵的忠心。

第七，七灵测定爱心。爱是贯穿前六项的核心要素。殷勤祷告、忠心侍奉、多做圣工固然重要，但更重要的是本着爱神和爱弟兄的心去做每一件事，这样的忠诚才有真正的意义。

总之，七灵测定信心、祷告、喜乐、感谢、守诫命、忠心、爱心，作为应允人所求的依据，但这划一的标准并非对所有的人应用。信心的水准因人而异，于是按各人信心的大小设定相应的标准，做出公平的测定。

如对信心小的人，七灵的测定标准是低的，而对那些信仰阅历较深、信心大的人，则是相对高的。

除了神的七灵以外，主还持有"七星"，这里"星"是指人。创世记15章5节里，神对亚伯拉罕说"你向天观看，数算众星，能数得过来吗？"又对他说"你的后裔将要如此。"将亚伯拉罕的子孙比作天上的众星。

七星是指神拣选并设立的所有主仆人。主用祂大能的臂膀托住他们，并亲自引导他们，作祂自己合用的器皿，藉着他们的口传讲神的心怀意旨。又藉着他们彰显祂的大能，将神的众儿女引入真理之路。

主有神的七灵和七星，意味着主通过七灵遍察万事，通过"七星"将神的子民引入真理之路。

今日与撒狄教会同类的教会

撒狄教会曾领受许多道理，但只停留在知识层面上，不努力遵行，因此他们的信是死的。主便责备他们说："按名你是活的，其实是死的。"他们自以为可以得救，但在主看来，他们与救恩毫不相干。

当今世界上奉主的名建立的教会数不胜数，但其中像撒狄教会那样处在死信状态中的教会和圣徒分外地多。如今连尽到圣徒最基本的义务，即全守主日和奉献当纳十分之一的人也难寻，很多人宣称信主，却是徒有虚名。

更令人痛惜的是，教导圣徒离弃罪恶、遵行神道的主仆人寥寥无几。引导群羊的牧者理当率先建立真信心，凭着属天的能力和权柄见证永活的真神，证实所传的道，但事实上却恰恰相反，他们惯用教条式的神学知识教训圣徒，如同瞎子领瞎子（马太福音15章14节）。

耶稣责备那些言行不一，即讲经论道是一套，行事为人却另有一套的法利赛人说："你们这瞎眼的法利赛人，先洗净杯盘的里面，好叫外面也干净了。"（马太福音23章26节）又对门徒说："凡他们所吩咐你们的，你们都要谨守遵行；但不要效法他们的行为，因为他们能说不能行。"（马太福音23章3节）

这样的主仆人身上不会有祷告的功效，更不会有神大能的显现，他们所牧养的教会，圣灵的火焰已熄灭，信徒灵魂憔悴不堪，如死一般。复兴的希望渺茫，仅由少数圣徒勉强支撑着，教会已是名存实亡。

主在马太福音7章21节说："凡称呼我'主啊，主啊'的人不能都进天国；惟独遵行我天父旨意的人，才能进去。"

假如有人自以为在世为神的国和义殷勤劳碌，无私奉献，但到了审判之日，神对他说"我从来不认识你们，你们这些作恶的人，离开我去吧！"恐怕世上就没有比这更悲惨的一幕。

表面上看似信仰积极认真、忠于使命，殷勤侍奉，但却不努力更新自己的心意，岂能算是活泼的信仰。

要想拥有活泼的信仰，即真实的信心，必须作成心里的割礼。心里的割礼是指除掉心里的污秽，正如经上所说"你们当自行割礼归耶和华，将心里的污秽除掉"（耶利米书4章4节）。

除掉心里的污秽，即指照着神"当戒"、"当弃"的吩咐，脱去一切不义、不法等违背真理的事，并照着神"当行"、"当守"的教训，谨守遵行真理之道。

遵行神道，渐渐成圣，信心得到相应的增长，这一信心就是神按人自洁成圣的程度所恩赐的真实信心。神的儿女应当将主对撒狄教会的教训对照自己，摒弃没有行为的死的信心，专心追求属灵的信心、真实的信心。

主对撒狄教会的责备之处

"……我知道你的行为,按名你是活的,其实是死的。
你要警醒,坚固那剩下将要衰微的("衰微"原文作"死"),
因我见你的行为,在我神面前,没有一样是完全的。
所以要回想你是怎样领受,怎样听见的,又要遵守,并要悔改。
若不警醒,我必临到你那里,如同贼一样。
我几时临到,你也决不能知道。"

(启示录3章1-3节)

在通过七灵鉴察万人、用火焰般的眼目遍察万物的神面前,什么都隐藏不住。向撒狄教会说"我知道你的行为"的神,不仅参透我们的一言一行,甚至内心深层细微的思虑都能辨明。

花瓶里的插花看似还活着,其实是死的,因为已经断离了其生命之本的根系。撒狄教会圣徒的信仰也是同样的情形，在人看来是活的，按主属灵的尺度来衡量，他们是死的。

撒狄教会——按名是活的，其实是死的

"按名你是活的，其实是死的"，这句话的具体含义是：撒狄教会圣徒们的信心是没有行为的死信。

因着亚当的犯罪，其后裔子孙也一同遭遇灵的死亡。然而接待耶稣作个人的救主，领受圣灵的人，死灵可得复苏。死灵复生的人到了命终气绝而死，而圣经称之为"睡了"，不是"死了"（马太福音9章24节），因为等到主降临空中的那日，他们必从死里复活，得享永远的生命。

撒狄教会被主称为是死的，表示他们是不能得救的。他们自以为有信，但那信却是死的，不能靠着得救。

雅各书2章14节说："我的弟兄们，若有人说自己有信心，却没有行为，有什么益处呢？这信心能救他吗？"在2章17节说："这样，信心若没有行为就是死的。"

传道书12章14节说："因为人所作的事，连一切隐藏的事，无论是善是恶，神都必审问。"哥林多后书5章10节说："因为我们众人必要在基督台前显露出来，叫各人按着本身所行的，或善或恶受报。"信神的人由于相信或善或恶必有其报，来世审判人人共受，因而竭力遵行神道，不信的人则是知而不行。所以，知神和信神是截然有别的。

知和信的区别

雅各书2章19节说："你信神只有一位，你信的不错；鬼魔也信，却是战惊"，意思是鬼魔也知道神是谁、耶稣基督是谁，也顺服那权柄，而且战惊恐惧。

圣经多处记载被鬼附身的人认出耶稣而喊叫的场面。如路加福音8章27、28节中，有一鬼附着的人看见耶稣就大声喊叫"至高神的儿子耶稣"。

鬼魔认得耶稣是神子、是救世主，并且害怕战惊，难道牠们也算是"信耶稣"吗？当然不是。鬼认得耶稣，却抵挡耶稣的道理，这不叫信，而叫知，单凭着知是不能得救的。

一个人有了丰富的圣经知识，却不照着行，他所谓的信，就不是真信。真信是与行为并行的。得知神的道却不遵行，他们的罪要比无知的人重得多了（路加福音12章47、48节）。

当今那些明白神的道却不遵行的"糠秕信徒"越来越多，而且假冒热心信仰，其实生命与那些不信者无异的人更是为数不少。

例如：圣守主日、十一奉献、赞美祈祷样样不缺，但回到生活中却是以骂还骂，以怒还怒，随欲而为。雅各书2章20节指着这类人说："虚浮的人哪，你愿意知道没有行为的信心是死的吗？"

但要注意的是，不能单凭表面行为衡量人的信心。这里所说的行为指的是由心发出的真实行为。

拥有真信的人，会尽心竭力用神的道更新自己的心意，直至使真理完全成形在心里。用真理造就的心灵所发出的行为，才是真实的。

以信为本的行为

重要的不是行为本身，而是行为动机——心志取向。成就了属灵的心灵，自然就有圣洁的行为。相反，那些在信上名存实亡的人，不肯遵行神的道，也没有用真理更新心意的努力。就算行出来，也是不诚心的、形式上的，是假冒为善的。

行为表现，可以让人把它作为伪装自己的手段。照着所掌握的知识，装出一副敬虔的样子，以达到标榜自己的目的。如马太福音6章1节所说"你们要小心，不可将善事行在人的面前，故意叫他们看见；若是这样，就不能得你们天父的赏赐了"，他们的行为看似虔诚，动机却是向人彰显自己。

以赛亚书29章13节说："主说：'因为这百姓亲近我，用嘴唇尊敬我，心却远离我；他们敬畏我，不过是领受人的吩咐。'"人可以顺着教导，嘴上说爱神并显出行为，但却没有爱神敬神的心，便是毫无意义的。

譬如：真正敬重和爱戴父母的儿女，一定会有无微不至的孝行；即使生活不宽裕，也会倾尽至诚地照料和服侍自己的父母。

而有的儿女虽然富足有余，却没有真诚的孝行。他们的孝行是形式上的、假冒的，要么出于义务的动机，要么汲汲于对父母遗产的算计。有孝敬的模样，却没有孝敬的实意，父母察觉儿女这般用心，定会难过无比。

何况参透人肺腑心肠的神，怎能喜悦人伪善的行为！神不以外表行为判断人，而注重人内心的虔诚。故我们应当力求以诚实的心灵活出仁爱与信德。

行为无一完全的撒狄教会

主责备撒狄教会，并说"你要警醒，坚固那剩下将要衰微的（"衰微"原文作"死"）"（启示录3章2节）。提醒他们没有行为的信心是死的，不能靠着得救，应当悔改归正，脱离死信，按真理而行，拥有与行为并行的真信、活信。

接着说"因我见你的行为，在我神面前，没有一样是完全的"，指出他们言称信神，却与不信的人无异；放纵情欲，贪恋世界的信仰状态，借以催促他们要完善自己的行为。又向他们提示完善行为的方法，即"所以要回想你是怎样领受，怎样听见的，又要遵守，并要悔改"（启示录3章3节）。

腓立比书4章9节说："你们在我身上所学习的，所领受的，所听见的，所看见的，这些事你们都要去行，赐平安的神就必与你们同在"。的确，我们只要照所学所悟所闻所见的遵行，必常蒙神的同在，常享所赐的平安。照着"又要遵守，并要悔改"的嘱托，应当醒悟过去行为上的亏欠，并要悔改，谨遵神道。

真正的悔改不是只在口头上承认"我已知错，一定改正"，而在于彻底转离歧途步入正道，并且一经悔改就不再回头，恒定心志，持守到底。

悔改的时候理当要回想自己起初怎样蒙召经历神恩，怎样蒙引归信基督，怎样受膏被恩所感，起初的爱心曾是何等热切执着。起初蒙了大恩，心被爱所充满时对主的那股热心、爱主的那种美妙感动，是否珍惜并持守到今天，是我们需要深思的问题。

很多人在信仰历程中持守不住起初的心志与行为，再度迷恋世俗，过着与不信的人没有区别的生活。对这一切应当彻底悔改，恢复起初那种圣灵充满和渴慕热望，全然遵行神的道。

不肯悔罪改过的人必遭的结局

主对撒狄教会说："若不警醒，我必临到你那里，如同贼一样。我几时临到，你也决不能知道。"表明不愿悔罪改过的人必然遭致如此结局（启示录3章3节）。

若不及时回转，继续在罪中沉迷，在想不到的时候，主的日子必忽然临到他们，届时后悔为时已晚。好比盗贼行窃通常选择人们沉睡、毫无防备的时候，那些不爱慕主的显现，也不作预备的，主再临的那日必像贼一样临到他们。

然而，帖撒罗尼迦前书5章4、5节说："弟兄们，你们却不在黑暗里，叫那日子临到你们像贼一样。你们都是光明之子，都是白昼之子；我们不是属黑夜的，也不是属幽暗的。"不在黑暗里，活在光明中的人，那日子临到他们绝不像贼来一样。

当然如马太福音24章36节所说："但那日子、那时辰，没有人知道，连天上的使者也不知道，子也不知道，惟独父知道。"主来的日子、时辰除了神以外，无人知道。不过我们根据圣经的内容，可以大略推知那个时期，好比孕妇虽然不能知道自己分娩的具体日子和时辰，但可以推知预产期。

主藉着马太福音第24章，向我们揭示了末时的预兆，所以我们应当谨慎自守，警醒祷告，作好迎接再临主的准备（彼得前书4章7节）。

神的道是我们唯一的信仰准则

彼得前书1章23节说："你们蒙了重生，不是由于能坏的种子，乃是由于不能坏的种子，是藉着神活泼常存的道。"不能单单把神的道这不能坏的种子接在心里了事，应当种在心田里，精心栽培养护，直至结出丰硕的果实。这才是真正重生的人、有生命的人。

把神的道只作为知识积累，是无法拥有真信心的。须反复咀嚼，火热祷告，努力行道，落在心里的神道的种才能发芽生长，结实三十倍，六十倍，一百倍。

有些人有职任在身，貌似有信，然而这信其实是死的。以耶稣的门徒加略人犹大为例，虽从主听了许多教训，身份令人可羡，但因没有真信心，犯下了出卖耶稣的大罪，自取沉沦。再论到以色列第一任国王扫罗，本来谦虚卑微，然而登基作王之后渐渐变得心高气傲，公然抗拒神的旨意，自取灭亡。

衡量信仰的标准不在于人的外表或职分，而在于神的道。神职人员或为首的主仆人若有违背神道的教导或行为，圣徒断不能听从他们。教训人，不在职位的高低，关键是得看他们是否遵行神的道（马太福音5章19节；23章3节）。

教训人的，无论大事小事，都当以身作则，活出好行为，将来在天国必称为大。而且在这地上，口里所出的话满有权柄，可以造就众人，也会得尊为大。

主对撒狄教会部分圣徒的劝勉及应许

"然而在撒狄,你还有几名是未曾污秽自己衣服的,
他们要穿白衣与我同行,因为他们是配得过的。
凡得胜的,必这样穿白衣,我也必不从生命册上涂抹他的名,
且要在我父面前和我父众使者面前认他的名。
圣灵向众教会所说的话,凡有耳的,就应当听。"
(启示录3章4-6节)

　　撒狄教会名义上是信神的,但他们没有活出神的道,从而受到主严厉的责备和悔改的督促。但是主说撒狄教会还有几名圣徒是名副其实的,因为他们未曾污秽自己的衣服。
　　这话是指着教会里极少数的圣徒说的,因此不能视作对撒狄教会的赞许。

未曾污秽自己衣服的几名圣徒

"衣服"从灵意上讲是人的心灵。因此"未曾污秽自己的衣服"包含着没有污秽自己心灵的含义。也就是说,凭着信心遵行主道、活出真理,心灵未曾被罪和恶所玷污。

此外还兼有"作弃罪的工夫到流血的地步,洗净认识真理之前玷污的心灵,不再沾染任何非真理和污秽罪愆"的内涵。是指着那些时刻警醒祷告,竭力持守纯正信仰的人们而言的。

经上说"瞎子领瞎子,两个人都要掉在坑里",然而撒狄教会有几名圣徒不被环境左右,听从为善的天良的指引,一心顺从神的旨意。主向他们允诺"他们要穿白衣与我同行",并说"因为他们是配得过的"(启示录3章4节)。

主说他们是"配得过的",并不是因为他们全然成圣。而是表示他们在撒狄教会这个看不到信道行为的环境中,依然恒心祷告,力行主道,是合主心意的。

在大多数人处在死信光景中的撒狄教会里,这几名能够持守信心、活出真道,蒙主称赞,可见他们的信仰非同寻常。周围都是沾满罪污、沉迷世俗的信徒,在这种环境中能够保守自己的心志,坚守自己的信仰,绝不是一件容易的事。故而,能够活出这种信仰,乃是莫大的福气。

例如:因努力活出虔诚信仰而遭到家人逼迫时,也许认为现实环境恶劣,感觉痛苦、艰难,但借此可以更加警醒祷告,而且学会忍耐。在这过程中属灵的爱心会不断增长，以至在任何处境中都能向神谢恩，待家人如同神托付于自己的宝贵灵魂。

因为是为主的名受的逼迫，便能积攒奖赏在天上；在逆境中持守信心，活出虔诚，从而信心的根基夯得更加扎实稳固，结局就是蒙了大福。神按各人的心地和器皿，允准不同的熬炼，使人经过试炼补足自己的缺欠，得蒙灵魂兴盛的福分。

在撒狄教会未曾玷污自己衣服的那几名圣徒，一定同样为持守自己的信仰而更加专心火热地祷告，加倍做出信道的努力，从而在主面前蒙了"配得过"的肯定。

穿白衣与主同行的部分圣徒

主应许撒狄教会合主心意蒙主肯定的那几名圣徒身穿白衣，与主同行的祝福。

"与主同在"和"与主同行"意义不同。不论将来得进天国何等住处，任谁都可以与主同在，因为主可以到天国的任何一个地方，就是在乐园的居民，也能时常得享与主同在的时光。但生活在乐园里的人都是勉强得救的，因亏欠和惭愧而羞于面对面与主交流或相陪漫步。

而"与主同行"较比"与主同在"境界更高。唯独得居于第三层天国和新耶路撒冷的神的儿女们，才能得享真正意义上的"与主同行"的殊荣。

同行指随时随地同在伴行，若想在永远的天国得享与主同行的美福，必须具备相应的资格。凡活在真理中的儿女都能蒙主同在。唯有爱神胜过一切，除去各样恶事而成圣的人才能蒙主同行。蒙主同行的人必有明显的见证，他们蒙主保障，满有权柄和能力。

得胜的人所穿的白衣之含义

主对撒狄教会的少数圣徒赐予勉励和应许，并允诺：得胜的，必穿白衣（启示录3章5节）。

"得胜"是指持守信心，活出真理，"白衣"是得救的人共享的，是得救的标志。当主降临空中时未被提升而落在七年大灾难中，后来经过殉道勉强得救而含愧于心的人们，也要领受这白衣。

然而主说撒狄教会的少数圣徒要穿白衣，并不单纯表示得救之意，而是包含着按成圣的程度赏赐不同荣耀的服饰之意义。越是合神心意的人，所穿的衣裳越是光耀璀璨，在天国里人们单凭服饰就可以认出一个人在地上造就了何等圣洁的心灵。

而且衣服上点缀的各种饰品，也能体现出其奖赏与尊荣。公义的神，按人在地上所行的赏赐与人，其中包括华美的妆饰。

生命册上的名不被涂抹的福分

对持守信心并且得胜的人，主应许赐他们白衣，并承诺"必不从生命册上涂抹他的名"（启示录3章5节）。

人有呼吸并不代表"活"着。因着亚当的犯罪，人的灵死了。唯有这已死的灵得以重活的人，才是真正有生命的人。没有接受耶稣基督，依旧活在罪孽中的人，他们的灵仍然是死的，必然终结在永死的地狱里。

然而，接待耶稣基督为主，领受圣灵的人，死灵因圣灵而重生，获得永恒的生命，名字载入天国的生命册，如启示录20章15节所说"若有人名字没记在生命册上，他就被扔在火湖里"，唯有名字记在生命册上的人，才能得蒙所赐的救恩。

当然"必不从生命册上涂抹他的名"，并非意味着凡名字记在生命册上的人，救恩都有绝对的保障，关键是白色大宝座审判之时，作为审判主的神展开生命册时，他的名字是否仍然记在其中，若被涂抹肯定是不得救的。其实这句话反过来思考，也包含着名字虽然载入生命册上，也有被涂抹之可能性的意思。

信主的人当中，有些人认为只要自己的名字记在生命册上，无论活出怎样的信仰都能得救。当然，名字记在生命册上意味着步入了永生之路，但若迷了心窍甘心脱离永生之路，使圣灵的感动渐渐消灭（帖撒罗尼迦前书5章19节），其名字终必从生命册上涂抹（出埃及记32章33节）。

哥林多前书15章2节说："并且你们若不是徒然相信，能以持守我所传给你们的，就必因这福音得救。"这里"徒然相信"是指属肉的信心、不行真理的死的信心。即使经历长久的教会生活，圣经的道理知之甚多，却不照着行，好像那些不信的人一样，仍旧背着真理在不义中行事，其信便是死的。

而且圣经明示：犯"情欲的事"，即行奸淫、污秽、邪荡、拜偶像等事的人，必不能承受神的国（加拉太书5章19-21节）。亵渎圣灵、干犯圣灵（马太福音12章31、32节）；蒙了圣灵的恩膏，后来败坏堕落，把主重订十字架，明明地羞辱主名的人（希伯来书6章6节），以及那些得知真道以后，故意犯罪的人（希伯来书10章26节），均属此类。

圣经不仅详细揭晓如何才能得救，也详细指出何为至于死的罪。得救不是一次定位、一成不变的，而是直到主再来的那日不断进行的过程。已迈进救恩之门的人，有可能随着自由意志做出背离救恩的选择，在恩典之外的人也有可能做出领受救恩的选择。

在神面前和众使者面前被认名的福分

主向撒狄教会的几名圣徒应许：只要你们得胜，必在我父面前和我父众使者面前认你的名。将来在白色大宝座审判时，信的人必在神面前得到主"是神的儿女"的认定。

且要得到众天使的认证。这些天使奉差察看、记录并汇报我们在世一切言语行为乃至心思意念（马太福音18章10节），有的担当承接我们祷告的馨香奉到神宝座前金坛上的使命（启示录8章3、4节）。

除了奉神差遣守护得蒙救恩之儿女的天使以外，还有上述奉命察看各人心思言行的天使，他们参透各人的光景。通过这些天使所记录的一切，将在白色大宝座审判时成为印证材料。

天使虽不亲自出面为各人的信仰作证，但天使精准无误的记录，将印证各人活出的信仰是否与神儿女的身份相称。天使对我们进行零距离的观察，参透我们的一切，所以天使们的见证必不可少。

主切望撒狄教会归正

主一如对其它教会那样以"圣灵向众教会所说的话，凡有耳的，就应当听"这句话作为对撒狄教会书信的收笔。这一叮嘱包含着希望撒狄教会的圣徒们能够把主的话铭记在心，悔过自新的迫切心愿。

撒狄教会灵里的光景是：有信无行，名存实亡，若不悔改，永与救恩绝缘。他们应当把所听见、所学习、所领悟的真道，铭刻在心，谨守遵行，摆脱死信，重塑活信。

而且那几名具备赖以得救之信心的圣徒，也当恒心不变地活出得胜的信仰直至主再来的那日，才能确保领受得救的象征——"白衣"，并且照地上所行的得到相应的尊荣与赏赐。

可是如今太多的教会不明白这一真理，灵里沉睡不得觉醒，信志颓靡死气沉沉。更可悲的是没有施教真理的牧者，处在瞎子领瞎子的迷惘境地。

神希望有耳可听的众人能够倾听这一宝训，牢牢把握救恩的机会，也切盼爱神并追求真理的众灵魂，能够顺从真道的指引，得进更美的天家。

故我们当知道拥有真信是何等大的福分，努力作好成圣的工夫，预备作主无瑕疵、无玷污的圣洁完全的新妇，在永远的天国常享与主同行的美福。

第六章

以信为本，遵行主道，蒙主称许的非拉铁非教会

七个教会中唯一只受称赞未受责备的非拉铁非教会，

略有一点力量，也曾保守自己不受世俗的污染，

坚守信心，力行神道，得以领受打开一切福门的"大卫的钥匙"，满有蒙神厚爱的显证。

此外还领受了在新耶路撒冷作柱子的祝福应许。

这也是向当今那些羡慕非拉铁非教会，

略有一点信心，也曾遵行神的道，

并有奇事、神迹等权能功效时常相随的

众教会和圣徒所赐的宝训。

——— 启示录3章7节-13节 ———

⁷你要写信给非拉铁非教会的使者说,那圣洁真实,拿着大卫的钥匙,开了就没有人能关,关了就没有人能开的,说:

我知道你的行为,你略有一点力量,也曾遵守我的道,没有弃绝我的名。看哪,我在你面前给你一个敞开的门,是无人能关的。

⁹那撒但一会的,自称是犹太人,其实不是犹太人,乃是说谎话的,我要使他们来在你脚前下拜,也使他们知道我是已经爱你了。

¹⁰你既遵守我忍耐的道,我必在普天下人受试炼的时候,保守你免去你的试炼。

¹¹我必快来,你要持守你所有的,免得人夺去你的冠冕。

¹²得胜的,我要叫他在我 神殿中作柱子,他也必不再从那里出去。我又要将我神的名和我神城的名(这城就是从天上、从我神那里降下来的新耶路撒冷),并我的新名,都写在他上面。

¹³圣灵向众教会所说的话,凡有耳的,就应当听。

主给非拉铁非教会的信

"你要写信给非拉铁非教会的使者说,
那圣洁真实,拿着大卫的钥匙,开了就没有人能关,
关了就没有人能开的,说:"
(启示录3章7节)

在使徒拓展圣工的时代,非拉铁非是一个人口只有千余人的小城。由于地处地震多发地带,居民主要以农耕和畜牧为生,供奉狄俄尼索斯(古希腊神话中葡萄酒之神),迷醉于葡萄酒、歌舞等享乐文化。非拉铁非又是一处交通要冲,是当时经过撒狄、别迦摩、特洛伊通往罗马的关口。

立足于此地的非拉铁非教会与其它教会不同,主对他们只有称赞没有责备,成为当今众教会效法的榜样。

圣洁真实的主

在针对非拉铁非教会的信息中,主称自己为"圣洁真实,拿着大卫的钥匙的"。这里"圣洁"是指超乎世人,不曾沾染罪恶,毫无瑕疵玷污,谨遵神道而行,使荣耀归于神。

原来圣洁一词不适合用在人身上。因为天地间除了神以外,再没有圣洁真实的。不过有一种人是配称为圣洁的,就是恢复因罪而失去的神的形像,模成神圣洁心怀的人(彼得前书1章16节)。

约翰福音10章34、35节里,耶稣说:"你们的律法上岂不是写着'我曾说你们是神'吗? 经上的话是不能废的。若那些承受神道的人,尚且称为神;""承受神道的人"是指爱慕神的道并谨守遵行的人,这段经文表示:神认可这样的人为神。

当然,这话并不是说人可以达到与神同等的境界,而表示:神认这样的人为圣洁完全的儿女、属灵的人、真理的人。

耶稣说"所以你们要完全,像你们的天父完全一样"(马太福音5章48节),又说"求你用真理使他们成圣,你的道就是真理。你怎样差我到世上,我也照样差他们到世上。我为他们的缘故,自己分别为圣,叫他们也因真理成圣"。(约翰福音17章17-19节)神的旨意就是叫我们成圣,像祂圣洁一样。

其次"真实"是指无虚假,不诡诈,恒定不变,不偏左右等属性。拥有真实的品性非常重要。我们有了真实的心灵,才能获得信心的增长,使神的道在我们生命中活泼运行,时常体验神奇妙的能力。因为神的道本为真实。

不真实的人经常对神的道犹疑不定，对非真理混淆不清，轻易接受误导引诱，无法领会别人真实心意（哥林多前书2章13节）

那么这位圣洁真实的主，称自己为"拿着大卫的钥匙"，其中包含着怎样的意义呢？

拿着大卫的钥匙的主

大卫是以色列国第二任王，从小敬畏神并专心爱神。大卫登上王位后，使以色列王国疆域大大扩展，营造繁荣富强的局面，甚至得周边诸国朝贡。他蒙神厚爱并得百姓拥戴，集富贵、荣誉、权柄于一身，得享一切美福。

要开启装满珍宝的宝库，必须要有相配的钥匙，谁拥有这把钥匙，谁就可以享用这财宝。神赐给大卫打开一切福门的钥匙，使他一生一世尽享一切美福。因为大卫是合神心意的人。

能够获此资格，大卫经历了诸多严酷的试炼。他曾与部将乌利亚的妻子通奸，听她怀孕的消息继而谋害乌利亚，以图掩盖此事。然而此事招来了一场巨大的试炼。大卫犯的是极重之罪，可是从本质上讲大卫行这事非因比常人更恶。

大卫心存良善，爱神胜过地上的众人。原来使他犯此大罪的根因，就是其潜藏在内心深层里的恶，即本性里的恶。神早已看出深藏在大卫本性里的恶性，就许可他受一场熬炼，引导他认清本我，彻底悔改，得进全然成圣的境界。

大卫在艰难的试炼中，将一切向神交托和仰望。因儿子押沙龙的造反而落荒逃命时，就是放肆污蔑咒骂自己的小民，也不肯轻易处治（撒母耳记下16章），倒以谦卑为怀，求神的怜恤，这显然与他先前仗着王权谋害无辜臣子乌利亚的情形判然有别。

大卫通过熬炼，变成完全合神心意的人，从而领受开启一切福门的应允钥匙。特别是从他的谱系中降生全人类的救主耶稣，救恩之大门向世界敞开，这是何等大的福分！

"大卫的钥匙"不是专赐于某个特定的人，凡爱神，效法主的心肠，成为圣洁真实的人，都能获得这一福分。我们照着神的旨意，模成主圣洁的形像，具备合式的资格，就有相应的富贵、名声、权柄的福门向我们敞开，甚至可以获得开启新耶路撒冷之门的钥匙。

拿着"大卫的钥匙"，即拿着万福之钥匙的主，接着称自己为"开了就没有人能关，关了就没有人能开的"。正如使徒行传4章12节所说："除他以外，别无拯救。因为在天下人间，没有赐下别的名，我们可以靠着得救。"救恩之门唯靠耶稣基督的名才能开启，救恩之门既已开启，无人可以关闭，仇敌魔鬼、撒但也束手无策。主照着神的旨意开关所有的门，凡事按着神的公义行事。

如今与非拉铁非教会同类的教会

主对非拉铁非教会的教训中包含着对神所认定并亲自引领之祭坛的深层启迪。今日蒙主称赞的教会，一定像非拉铁非教会那样，略有一点力量，也是不与世俗妥协，殷勤遵行神的道，面对任何逼迫试炼都能忍耐到底，凭着爱心和信心得胜有余。

这样的教会必临到主向非拉铁非教会所应许的福分。神必显明爱他们并保障他们的凭据，又把他们引入能够彰显奇异权能的境界。为他们敞开制伏仇敌魔鬼、撒但的属灵权柄之门；又为他们敞开行大奇事、神迹、异能的能力之门、权能之门等诸多福门，使他们藉着全备的恩门，将无数灵魂领入救恩之路。

当教会倾力开启福门的时候，圣徒各人也要努力打造相称的资格，使自己越发接近神的形像，最终可以领取新耶路撒冷之门的钥匙。

本教会自开创至今，以非拉铁非教会为标杆，倾心竭力打造蒙主喜爱和称许的荣美教会形像。我们恒心遵守神的道，不与世俗妥协，忍耐一切逼迫、试炼。

于是神赋予我们创造的权能，彰显许多超人想象的奇迹。当然现阶段权能并非起初原有的。神按着公义有时允准我们经受严酷的熬炼，当我们凭着信心胜过每一道难关时，神使我们的权能更上一个高度。

从神领受了福库之钥匙，必须用那钥匙去开启福门，汲取其中的恩福，惠己益人。为此每一位圣徒，乃至整个教会需要付出殷勤的努力。正如哈该书2章9节所说"这殿后来的荣耀必大过先前的荣耀……这是万军之耶和华说的"，我们即使略有一点力量，也当在各种领域里尽忠竭诚，使后来的成就大过先前的，并使神的荣耀在我们身上更加显大。

主对非拉铁非教会的称赞之处

"我知道你的行为,你略有一点力量,也曾遵守我的道,
没有弃绝我的名。
看哪,我在你面前给你一个敞开的门,是无人能关的。
那撒但一会的,自称是犹太人,其实不是犹太人,乃是说谎话的,
我要使他们来在你脚前下拜,也使他们知道我是已经爱你了。
你既遵守我忍耐的道,我必在普天下人受试炼的时候,
保守你免去你的试炼。"
(启示录3章8-10节)

  自古那些在各种领域为人类文明的发展做出卓著贡献者,或忘我无私地活出仁爱境界者,或做出感人肺腑的善义之举者,其丰功、美德代代传颂。人能活出崇高的生命造益于社会,博得众人敬

仰和爱戴,着实是件光荣而快慰之事,更何况像非拉铁非教会那样得到主的称赞。这是永远的又是真实的,其价值无可估量,其幸福无与伦比。

主在非拉铁非教会面前敞开的门

对非拉铁非教会,主在表示称许之前先承诺要敞开天门,倾福与他们。尤其"我在你面前给你一个敞开的门,是无人能关的"这句话包含着主敞开的门,无论何人都不能关,包括天使,当然魔鬼、撒但也不例外。同时也蕴涵着神赋予他们权柄与能力,作他们随时的保障。

主存心顺服天父的旨意,以至于死,并且打破死亡权势,复活得胜,神就赐给祂万王之王,万主之主的荣耀。神又向我们应许:奉耶稣基督的名无论求什么,都必给我们成全。约翰福音14章13节说"你们奉我的名无论求什么,我必成就,叫父因儿子得荣耀。"

当耶稣的首徒彼得对耶稣说"你是基督,是永生神的儿子"时,耶稣就祝福他说:"你是彼得,我要把我的教会建造在这磐石上,阴间的权柄不能胜过他("权柄"原文作"门")。我要把天国的钥匙给你,凡你在地上所捆绑的,在天上也要捆绑;凡你在地上所释放的,在天上也要释放。"

"我在你面前给你一个敞开的门,是无人能关的",这话包含着主对彼得所言"凡你在地上所捆绑的,在天上也要捆绑;凡你在地上所释放的,在天上也要释放"这一惊人权柄的应许。

这一祝福的约言,主不仅赐给非拉铁非教会,也赐给一切蒙主称赞的众人或众教会。神亲自设立并引领的人或教会,一切尽在神的旨意中,主在他们面前敞开的门,无论何时何境都不会被关。

神立意要行的事、吩咐成就的圣工必定成就,神的荣耀必定显现,魔鬼、撒但无论如何搅扰拦阻,恶人无论怎样亵渎毁谤,都是徒劳的。

昔在今在,永远如一的恩主,直到再来的那日,祂一如既往地与我们同在,并作一切神所立的教会和圣徒随时的保障。

略有一点力量,也曾遵守主道的非拉铁非教会

非拉铁非教会蒙主祝福的原因是:略有一点力量,也曾遵守主的道,没有弃绝主的名。他们活出的信仰,既然蒙主称赞,为何又说他们"略有一点力量"呢?

这里包含两层蕴意。其一,"略有一点力量"是指我们归信基督之初如芥菜种般小信之状态。小得几乎难以入眼的芥菜种,一旦长起来,"比各样的菜都大,又长出大枝来,甚至天上的飞鸟可以宿在它的荫下"。我们的信心也相仿,起先像芥菜种一样小,但随着信仰阅历的加深,渐渐增长,终成大信。

非拉铁非教会是以弱微之力起步逐渐发展起来的。也就是说,他们起初虽然略有一点信心,但一心谨遵主的教导,努力取得信心的成长。

初信的人凭着一点能力遵守神的道,不是一件容易的事。因为战胜世界的力量相对薄弱,所以心里虽然明白,却在现实中很难践行真理。

例如:学了"当要离弃怒气"的道理,并且深受触动,定意遵行,但因力量微薄,一碰到不愉快的事便克制不住而生气动怒。但只要把主的教导铭刻在心,恒切火热地祷告,就可以藉着圣灵的帮助彻底胜过这一罪性。

非拉铁非教会虽然略有一点力量,也曾殷勤祷告,认真遵行主的每一句教导,信心得以快速增长,成为蒙主称赞的教会。

"你略有一点力量,也曾遵守我的道"这段话所包含的另一层蕴意是:他们即便大有能力,但仍存心谦卑,把自己摆在少能无用的位置上,专靠神的大能,力行神的旨意。我们从耶稣身上,可以看见这一美德。

耶稣与神本为一,具有与神同等的权柄、能力,是神的独生子,却为拯救世人,降世作卑微的人子,且同常人一样,披戴血肉之躯,肉体能感知的饥饿、寒冷、劳累、困乏祂同样经历,尤其要承受十字架上被钉的巨大苦痛。

祂不是以神子的威荣权柄,而是以能力平凡普通常人样式,完成救世主的使命。祂虽本有大能大力,却将自己摆在力微之人的立场上,遵循公义的法则完成一切圣工。

同样，即使是内心正直，品性卓越的人，神也不会从起初就赐他大的能力作为重用的器皿。而照着公义，逐步开导引领；使他经历阶段性的熬炼，每当凭信心和爱战胜时，能力便得到相应的提升，终获大能力。

略有一点力量，也没有弃绝主名的非拉铁非教会

非拉铁非教会虽略有一点力量，但能遵守主的道，而且没有弃绝主的名。这里"弃绝主的名"并非单纯指否认主名，或背弃主恩。

从广义上来说，主的旨意明知而不行，就等同于弃绝主的名。有的人自以为有信，而遇到试炼，非但没有应对的努力，反而附和妥协，阿谀奉迎，重染世俗风气。

明白主的旨意却在自认为无关紧要的事上偷懒耍滑不去行，这样的人一旦遭遇试探患难，往往不堪一击，随口宣泄不满情绪，甚至向神发泄怨言，甚或叛离教会。他们抱着"这点小事问题不大"的心态，常常违背真理，终至背叛恩主的地步。

非拉铁非教会从小信起步，在建立信心的过程中所付出的努力也配蒙主的称赞。他们遵守主道，不为环境左右，面对试探、患难也不曾弃绝主名，持守信心到底，把信心的根基稳立在磐石之上。

我们众人也当效法非拉铁非教会，就是"略有一点力量"也要遵守主道，决不弃绝主的名，为此关键是无论何时何境都不可停止祷告。脱去心中的非真理，战胜仇敌魔鬼、撒但的权势，不是靠人的力量，而是唯靠上头来的恩典与能力才能成就，而神的恩典与能力是须靠火热的祷告才能得到的。

而且要正确领会主的旨意。应当认清并脱去自己的罪与暗昧，以及"肉体"的属性，还要领会良善、仁义、光明等真理，以免不明主的旨意而走进误区。

凡寻求主旨意的人，受别人的指点或责备的时候反而欢喜、感恩，因为借此可以更深地领会主的旨意，行事为人更合主的心意。

主爱非拉铁非教会的显证

主对非拉铁非教会说"我知道你的行为"，并向虽略有一点力量，也曾尽心竭力遵行主道，没有弃绝主名的非拉铁非教会显明爱他们的凭据，正如对他们说"那撒但一会的，自称是犹太人，其实不是犹太人，乃是说谎话的，我要使他们来在你脚前下拜，也使他们知道我是已经爱你了"（启示录3章9节）。

如前所述，"撒但一会"是指两人以上同伙，用违背真理的言论扰乱教会的徒众。另外，"自称犹太人"是指自称信神却混同撒但一会，亵渎神国的人。

他们自称神的儿女，却不按真理而行，反而专事论断、定罪，背后议论、结党纷争，扰乱教会。甚至妄加论断彰显奇事神迹荣耀神的教会为"偏邪"或"异端"。他们宣称信神，却亵渎神同在的教会和主的仆人，毁谤神的国，他们就是"自称犹太人"的。

圣经指出：不认耶稣基督的、说谎话的就是敌基督的（约翰一书2章22节）。那些宣称自己信主的人，其实是说谎话的，如约翰一书1章6节所指，"我们若说是与神相交，却仍在黑暗里行，就是说谎话，不行真理了"，虽然嘴上称信，倒像那些"自称犹太人"，不按神的话语生活。

主说"我要使他们来在你脚前下拜"，表示这类人中会有一些人，因看见神权能的显现，醒悟自己的过犯并认罪悔改。神要借此显明这个教会和主的仆人是神所喜爱的。

非拉铁非教会因"自称犹太人"受到种种逼迫和患难，但神使他们悔改，显明非拉铁非教会是神所爱的教会。当然，并非所有的人都能悔改归正。

他们的罪是属于亵渎圣灵、干犯圣灵的重罪，很难回心转意，蒙神赦免（马太福音12章31、32节）。在"自称犹太人"中，那些略有一点善心的人，或能藉着真道的教训和权能的作为醒悟自己的罪，诚然懊悔归正。

允准试炼是神爱我们的凭据

神有时熬炼心爱的儿女，允准他们经受逼迫或试炼。胜过了试炼，神必赐他们相应的福分，显明爱他们的凭据。反之那些逼迫和苦害人的必受到神公义的审判。

抗拒蒙神厚爱和保障的人或教会就是抗拒神，圣经上那些抗拒神的人都落得悲惨的结局。神对所爱的人时常显明爱他们的凭据，就像我们只在口头上说爱神是无效的，须有实际行动，才能证明我们爱神是真实的。

查考圣经我们可以发现，凡蒙神厚爱的人，必有神同在的见证。昔在今在，永不改变的神，如今也照样对所爱的仆人和教会多方显明爱他们的凭据。

如时常显现永活真神的奇妙大能；在圣灵的感动中启解无人知晓的诸多灵界的奥秘；在仇敌魔鬼、撒但一切的搅扰攻击中作他们随时的保守，显现神同在的见证等等。

自称犹太人的亵渎毁谤，反会成为爱神的人获得更大权能的跳板。魔鬼、撒但藉着恶人试探或逼迫爱神的人。但只要凭信去战胜，就可按神公义的法则获得更大的权能；只要凭着良善、仁爱和信心通过每一场试炼，就可以获得权能境界的进一步提升，最终可以达到令人稀奇的权能之境界。

因遵守忍耐之道而免受试炼的非拉铁非教会

凭着微弱的力量，也曾遵守主道，没有弃绝主名的非拉铁非教会圣徒们，因遵守主忍耐的道，蒙得主祝福的约言——"我必在普天下人受试炼的时候，保守你免去你的试炼"（启示录3章10节）。

那么，为何把主的道称为"忍耐的道"呢？

我们遵守神的道，必须付出许多忍耐。信心弱微的时候更是如此。由于心中与真理相对的情欲更加强盛，人要离弃罪恶，顺从真理，必须付出祷告、禁食等许多忍耐。

当人真理打造的心不断增强，以至超过非真理浸染的心，顺从真理就越发轻省了。以前有恶欲涌动，靠的是强忍硬憋，但后来就可以轻松抵消，能毫不费力地行出真理。

若是真理的心变得强盛，胜过非真理的心，我们更不能掉以轻心。直至把心里的恶性完全脱去，应当时刻约束自己的心，在不断的忍耐中作成成圣的工夫。

神把各人在按自己的信心大小尽心竭力遵行主道的努力并为之所付出的忍耐，看作是信心的凭据，并保守儿女们，免去他们的试炼。

这里"试炼"是指仇敌魔鬼、撒但对不按真理而行的人、弃绝恩主叛离教会的人所带来的各种试探和患难。"保守你免去你的试炼"，包含着神必保守那些遵行祂的道，在光明中行的儿女们，免受黑暗世界的主宰——魔鬼、撒但的扰害。

例如，我们即使仅仅持守最基本的信仰表现，就是圣守主日，奉献十分之一，神也必保守我们免遭事故。就算因着失误遭遇事故，也必保守我们身体不受损伤。何况遵守神忍耐的道，活出真理的人，岂不更蒙神全方位的保守！

人遭受试探患难的原因

我们常常看到有些人信仰貌似虔诚,但总在试炼与患难之中。有的人便对此随意揣测品论,判断定罪:"这人定是在什么地方得罪神了。"

当然,神的儿女只要活在真理里面,必蒙神的保守,免遭试炼、患难,即使遇见试探,神也使万事都互相效力,使他们终得上好的福分(罗马书8章28节)。因此,人若不蒙神的保守,常经试炼、患难,应当省察自己在神面前行为是否纯正。

如果信仰上没有问题而遭遇苦难,当是旨在赐福而允准的试炼。因此,我们不能擅自论断那些受试炼的人。

以约瑟为例,被卖到异国作奴仆,后遭人诬陷坐冤狱,这一遭际在人看来就是患难。但这一切尽在神的计划和旨意当中,就是要使约瑟作埃及的宰相,为以色列族群的形成奠定基础。这场试炼不仅给约瑟带来了美福,还使神的名大得荣耀。

为主的名殉道亦为同例,他们的受难非因不蒙神的保守,乃为神的恩准,显出向试炼夸胜的凭据。

如罗马书8章18节所说,"我想,现在的苦楚若比起将来要显于我们的荣耀,就不足介意了",他们将在天上永享极大的尊荣,与之相比,地上暂受的苦难则是至轻的。

"普天下人受试炼的时候",是指将来在这地上必要临到的七年大灾难。生活在这末时的圣徒，在信仰上更当殷勤；并要时刻警醒，谨慎自守。

虽然涉身教会，在信仰上却懈怠懒散，只是敷衍地来来去去，不行真理，妥协世俗的人，终必落在七年大灾难的悲惨境地。然而那些遵守主忍耐之道的人，则被免去大试炼，得与曾切慕渴盼的新郎——恩主，同享七年空中婚筵的快乐。

主降临空中的时候，那些信主而死的众人必先复活，接着活着信主的人变成灵性的身体，被提到空中，参加七年婚筵。

这七年期间，圣灵已被收回，全地陷入黑暗权势所掌控的大灾难中。敌基督的将起来，在未能被提的人中搜捕那些要持守信仰的人，用各种残酷严刑强逼他们否认自己的恩主。

若想免去这七年大灾难，务要警醒祷告，努力作成"新妇妆扮"，就是要脱去各样的恶事，模成主的心肠。

主对非拉铁非教会的应许

"我必快来,你要持守你所有的,免得人夺去你的冠冕。
得胜的,我要叫他在我神殿中作柱子,他也必不再从那里出去。
我又要将我神的名和我神城的名
(这城就是从天上、从我神那里降下来的新耶路撒冷),
并我的新名,都写在他上面。
圣灵向众教会所说的话,凡有耳的,就应当听。"
(启示录3章11-13节)

  非拉铁非教会从信心弱微之时起努力遵守忍耐之道,于是主给他们一个敞开的门,显现爱他们的凭据。主还应许祂必快来,并嘱托圣徒们当行的事(启示录3章11节)。
  主说"我必快来",这一说法不仅适合于当时的世代,也同样适合于现今。有人质疑："主说祂必快来,怎么耽延这么久?"其实非是耽延,这话早已应验,今世仍然有效。除了主降临空中的那共盼之日以外,人为自己在地上不过七八十年的短暂人生画上句号的时候,就是见那曾说"日期近了"、"我必快来"的主的日期。

人在地上的生命极为短暂,故不要以为主来的日期耽延(彼得后书3章9-10节),应当抓紧做好迎接主的准备,不论主何时来都能够欢然迎接。那么快要再来的主对非拉铁非教会的嘱托和祝福的约言都有哪些呢?

持守"所有的"确保赢得冠冕是主对儿女的期盼

首先主叮嘱非拉铁非教会"你要持守你所有的,免得人夺去你的冠冕"(启示录3章11节)。前面提到,主劝勉推雅推喇教会"但你们已经有的,总要持守,直等到我来",表示敦促他们牢牢守住那仅有的一点信,确保最终得救。

但主叮嘱非拉铁非教会"你要持守你所有的",并非单指持守救恩。非拉铁非教会的圣徒们从信心弱微的初信之时起,就倾心尽力遵行神的道,所以主借此嘱托他们:为使命尽忠到底,确保赢得神在天上所赐的冠冕,即荣耀的赏赐,千万不可半途而废,失去本来应得的。

我们在天国得到的奖赏永远不会失去或被人夺去,然而活在这地上时,如果起初的心志改变,轻忽使命,或中途放弃使命,必然失去自己应得的冠冕。

我们应当持定真实的信心并活泼的指望，万不可轻忽主托付我们的使命，更不能中途放弃，免得失去了冠冕。那些带着"这件事非我莫属"的自满和骄傲的心态作工的人，也要及时反躬自省，免得自己为圣工效力，"灯台"反被挪了去。我们应当时刻警醒，恒心持守起初领受使命时的那种热诚和忠心。

神的工无论何时何地都不会停息，人若轻忽了使命，神必以所预备的人取而代之，继续拓展祂的圣工。

神不会因人一次两次耽误了圣工就断然收回其使命，会再三赐其回转并胜任的机会。但给了多次机会仍无改进，为了神国的发展，神才换人取代。

专心指望天国，努力弃罪成圣的人，如果一时迷了心窍，复又恋慕世界，那积攒至今的奖赏将会毁于一旦，我们万不可这样行。心怀进入更美天家的指望，热切追求灵里进深的人，若是中途犯了至于死的罪，即便后来懊悔归正，一切都要从头做起，即要从信心的第一阶段起步，一步一步往更高的层次迈进，岂不令人痛惜！

但只要彻底懊悔，寻求神的恩典，付出加倍的努力，必能恢复先前的光景，甚至可以指望得进更高层次的天国居所，关键是要看努力的程度。

向得胜之人应许"在神殿中作柱子"的福分

主对非拉铁非教会承诺：只要持守既往的信志和行为，最终成为得胜的人，就允准在神殿中作柱子（启示录3章12节）。这里"神殿"意味着神宝座所在的新耶路撒冷。在新耶路撒冷作柱子，是将来在新耶路撒冷得享最高尊荣地位的极大祝福约言。

这等应许不是任何人都配得，乃是神专赐于那些"得胜"之人的福分。非拉铁非教会的圣徒们在略有一点信心的时候也曾遵守主的道，没有弃绝主的名。随着信心的增长，他们更是恒心不变地活出真理，得成圣洁，为主尽忠，完成使命。

这样的人就是得胜的，其中建立全备的信心蒙主认定的人，将在新耶路撒冷获得像柱子一样的尊荣地位。然而即使领受了神赐福的约言，若不积极把握争取，或是心志易变不能坚持，则无法得到所应许的福分。

直到主的约言成为现实，我们应当一心不变地为神尽忠，靠主得胜，这样我们必获所应许的冠冕与奖赏，并且赢得"新耶路撒冷之柱子"的尊荣美福。在神没有改变，祂的恩赐是没有后悔的。因为神的赏赐永恒不变，无人能夺去，故称"他也必不再从那里出去"。

并说"我又要将我神的名和我神城的名（这城就是从天上、从我神那里降下来的新耶路撒冷），并我的新名，都写在他上面"，表示要用神的名和圣城新耶路撒冷的名并主的新名，来印证和保障前面提到的那些赐福应许。

主的新名正是万王之王、万主之主。是主降世为人，代赎我们的罪，成就救赎圣工，复活升天而得到的荣耀圣名（腓立比书2章9-11节）。

得进新耶路撒冷的资格

耶路撒冷时为以色列的国都，神的殿坐落其中，是百姓前来拜神献祭的汇集地，是神临格的圣地。然而天国的新耶路撒冷不像这地上的耶路撒冷那样注定腐朽消灭，而是圣洁之神居住的地方，是永远常存的圣城（启示录21章1-2节）。

新耶路撒冷又称"荣耀之城"，因为进到那里的都是在世全然成圣，全家尽忠的人，在那里将永享父神所赐的至高尊荣。主将这一应许不但赐给非拉铁非教会，也赐给凡是行为如同非拉铁非教会的普世教会和圣徒。

荣耀之城新耶路撒冷，不是靠一般分量的信心和某种程度的忠诚所能进入的。唯独达到全然成圣的地步并倾其生命在全家尽忠、活出至高信心境界的人才能赢得这一殊荣。这种信心不是旦夕间可以建立的，亦非单靠自身的努力所能成就的。

在圣经上那些向着新耶路撒冷有指望的古人先知，都是在神的旨意下经过火炼，造就了精金般的信心，用倾尽生命的忠诚，完成神所托付的常人不能承受的伟大使命。唯有活出这种信仰境界的人才有望得进新耶路撒冷。

　　故我们应当效法非拉铁非教会，略有一点信心也恒心遵守主忍耐的道，全然成圣，全家尽忠，好使我们生命中满有神爱我们的显证，赢得作"新耶路撒冷之柱子"的福分。

第七章

信仰状态不冷不热的大型教会老底嘉教会

经济富足,生活丰裕,
可是在灵性上却是"困苦、可怜、贫穷、瞎眼、赤身",
这就是老底嘉教会的真实写照。
主责备他们的行为不冷也不热,
同时敦促他们"要发热心,也要悔改"。

这也是主向着当今那些声称"我是富足,一样都不缺",没有对主的热心,
不为更新自己生命付出努力的众教会所赐的教训。

启示录3章14-22节

14 "你要写信给老底嘉教会的使者说,那为阿们的,为诚信真实见证的,在神创造万物之上为元首的,说:

15 我知道你的行为,你也不冷也不热,我巴不得你或冷或热。

16 你既如温水,也不冷也不热,所以我必从我口中把你吐出去。

17 你说:我是富足,已经发了财,一样都不缺;却不知道你是那困苦、可怜、贫穷、瞎眼、赤身的。

18 我劝你向我买火炼的金子,叫你富足;又买白衣穿上,叫你赤身的羞耻不露出来;又买眼药擦你的眼睛,使你能看见。

19 凡我所疼爱的,我就责备管教他,所以你要发热心,也要悔改。

20 看哪,我站在门外叩门,若有听见我声音就开门的,我要进到他那里去,我与他,他与我,一同坐席。

21 得胜的,我要赐他在我宝座上与我同坐,就如我得了胜,在我父的宝座上与他同坐一般。

22 圣灵向众教会所说的话,凡有耳的,就应当听。"

主给老底嘉教会的信

"你要写信给老底嘉教会的使者说,那为阿们的,为诚信真实见证的,在神创造万物之上为元首的,说:"
(启示录3章14节)

使徒保罗的同工以巴弗提最初把福音传入老底嘉,老底嘉教会也曾受过使徒保罗的悉心关顾(歌罗西书4章15-16节)。在如此背景中建立的老底嘉教会,在良好的环境下反而迷恋于钱财的诱惑,沉醉于生活的安逸,变得灵里懈怠懒散,主责备他们的信仰状态,称"如温水,也不冷也不热"。

跟撒狄教会一样,主对他们只有责备没有称赞。撒狄教会至少被主提及还有几名圣徒是未曾污秽衣服的,而老底嘉教会除了责备没有可嘉之处。

"为阿们的,为诚信真实见证的"主

对老底嘉教会使者的信中,主把自己形容为"为阿们的,为诚信真实见证的,在神创造万物之上为元首的"。耶稣对父神只有"一是"和"阿们",做出完全的顺从。耶稣"本有神的形像,不以自己与神同等为强夺的",取了受造之人的形像,降在这地上人间。

荣耀的神子受尽所造之人的蔑视和凌辱,最终被钉死在十字架上,对神只有顺从(腓立比书2章6-8节)。所以哥林多后书1章19节说:"因为我和西拉并提摩太,在你们中间所传神的儿子耶稣基督,总没有是而又非的,在他只有一是。"

作神儿女的我们在神面前也当只有"一是"和"阿们"。丢弃一切自以为是的想法和观念,才能够专心顺服神的道。很多人虽称信神,却以自己的意念当先,对神的道疑而不信,不肯遵行。

或者起初决意顺从并试着践行,可是一旦遇到困难就随从肉体的想法改变初衷,无法体验神的作工,更不能使荣耀归与神。

哥林多后书1章20节说:"神的应许不论有多少,在基督都是是的。所以藉着他也都是实在的("实在"原文作"阿们"),叫神因我们得荣耀。"我们也当效法主,对神只有"是"和"阿们",让神照祂的应许显明我们顺从的果效,显出祂的荣耀来。

其次,主是"诚信真实见证的"。诚信的人不固执己见,不求自己的益处,对神只有"阿们"。例如:忠信的良将,无论王派遣奔赴何处,都会遵命前往,不顾一己性命安危。

耶稣以诚信为念，对神唯有"阿们"和顺从，以至于死，最终成全了旧约圣经上关乎弥赛亚的一切预言。耶稣本着诚信成全神的旨意，成就一切约言，祂是真实的见证者。

主是创世之元首

信上称主为"在神创造万物之上为元首的"，主的确是创世之元首，万有之主宰，正如歌罗西书1章15-17节所说："爱子是那不能看见之神的像，是首生的，在一切被造的以先。因为万有都是靠他造的，无论是天上的、地上的、能看见的、不能看见的，或是有位的、主治的、执政的、掌权的，一概都是藉着他造的，又是为他造的。他在万有之先，万有也靠他而立。"

宇宙万物乃是神用祂的话语创造的。约翰福音1章1节说："……道与神同在，道就是神。"道成肉身，降世为人，这人便是耶稣。耶稣与神原为一，创世之元首，万有之主宰。

对老底嘉教会的书信之开头，主介绍自己是"为阿们的，为诚信真实见证的，在神创造万物之上为元首的"，其中的蕴意是什么呢？旨在强调神一切的言语必如实应验，神的审判必公正无误地成就；同时也表示创世之元首、唯有阿们的真实诚信的主对老底嘉教会所说的乃是真道，必定成就，无不落空。

如今与老底嘉教会类似的教会

无论哪一个教会,只要殷勤祷告,为神国效忠,神必赐福,使教会发展兴旺,资财丰盛,圣徒蒙福。然而如今一些教会蒙了神的赐福,反而养尊处优,妥协今世风俗。

教会发展成一定规模,财力、功名、权势随之提升,却为之迷了心窍,渐渐忽略神的工,转而追求名声和财富,纵情随性,阿世媚俗,脚踏两只船。对"如何多救一些灵魂,怎样兴旺神的国"漠不关心,反而妥协世俗风潮,附和名流权贵。

当然这不是说要对那些有名有势的人采取排斥态度。以基督的爱去关爱他们,在主里面彼此交接,栽植信心,助长灵命,使神的荣耀藉着他们显出来,这是一件佳美的事。

问题是有些教会不是出于这种纯正的信仰动机,而意在趋附权势,聚敛财富,求得虚名,甘心与世俗为友。主责备这类教会为如同"温水"。

主对老底嘉教会的责备之处

"我知道你的行为,你也不冷也不热,
我巴不得你或冷或热。
你既如温水,也不冷也不热,
所以我必从我口中把你吐出去。
你说:我是富足,已经发了财,一样都不缺;
却不知道你是那困苦、可怜、贫穷、瞎眼、赤身的。"
(启示录3章15-17节)

　　老底嘉是一个非常富有的城市,盛产羊毛,有发达的银行业。主后(公元)17年经历一场大地震,未依靠罗马政府支援而自救重建,其经济实力可见一斑。

　　在这般富有的环境中成长的老底嘉教会,因为信仰上不冷不热,如同温水,受到主的责备。主对他们说:"巴不得你或冷或热",并表示"我必从我口中把你吐出去"。

不冷不热如同温水的信仰状态

凉水经过加热,渐至滚沸,停止加热则渐渐降温趋回冷却。那么在信仰里面,冷、热、温分别代表什么意义呢?从属灵的角度说,"冷"表示心里没有圣灵的运行,与救恩彻底绝缘的状态。

有些人虽涉身于教会却没有领受圣灵,对何为真信、救恩漠不关心,更没有行道的努力。还有些人曾经领受圣灵,但因未除却爱世界的心,重染世俗的污秽,以致圣灵的感动渐渐消灭。"冷"就是指这些远离救恩的人而言的。

反之,"热"是指那些领受圣灵后求得充沛的灵力,信心日渐增长的信仰状态。我们接待耶稣基督,领受所赐的圣灵,就可以藉着圣灵的帮助,渐渐明白神的道。进而力求更深地了解神,努力遵行所知的真理,借助圣灵的充满和上头来的恩典与能力,越发追求向灵进深。

为此专心遵从神道,作弃罪的工夫到流血的地步,使肉体渐渐毁坏,灵性越发增长,得以专心致力于兴旺神的国,甘心奉献自己的一切,正如马可福音12章30节所说:"尽心、尽性、尽意、尽力爱主你的神","热"就是指着这种信仰状态而言的。

分辨火热的信仰和冷却的信仰,并不在乎信心的大小,即初信徒不一定信仰就冷淡。教龄长，职分高的未必信仰就火热。即使处在小信的阶段，尚不能全守真理，只要按自己的信心分量，尽心尽力遵从神的旨意，这也应该可以说是火热的信仰。

当然一个人在小信的阶段，难免犯"肉体的事"，即意念上犯罪，甚至有时还会犯行为上的罪——"情欲的事"。比如小信的人还没有彻底除去怒气，可能会因抑制不住而发怒，或与人争竞。

但若即时认罪悔改，努力更新自己，就不是冷却的信仰了。时刻省察自己，常常祷告、禁食，竭力顺从神道，这显然是火热的信仰，必得神的称许。

反之，信主时间长，却不努力更新心意，或明知神的旨意，却偏行己路的人，就是沉迷在冷却的信仰状态中。这种信仰状态，可谓冰冻三尺非一日之寒，在不知不觉中渐渐低落沉迷，以至于冷却的信仰状态。

"如同温水的信仰"指的是领受圣灵，认识主神，并知道有天国和地狱，却没有热心，不思进取，在信仰上低迷滞后。他们自以为有信，并涉身于教会生活，却没有与圣灵的相交，听不到圣灵的声音，得不到圣灵的指引和带领，听了神道也不得其悟，对自己的错谬毫无知觉。

他们知道自己若是继续沉迷下去，会落于冷却的信仰状态，注定终结在地狱里。于是虽然涉身于教会，却不肯为主牺牲自我，奉献所有。或有的人表面上看似忠信，却不作心里的割礼，无论信了多久，生命也不得更新。过了一年，五年，甚至十年，也没有丝毫的改变，与不信的世人几乎无异。

继续停留在这种温水般的信仰状态中，不肯回转的人，终究会坠入冷却的信仰状态中。就像温水不加热会变成冷水一样，继续沉迷在温水般的信仰状态中，终必彻底与救恩绝缘，遭致永远的死亡。主说"我必从我口中把你吐出去"，正是指着他们而言的。

主严厉告诫温水般的信仰

冷却的信仰状态是指消灭圣灵的感动，落得与神毫不相干、彻底断送得救指望。神的儿女断不可至于这种信仰状态。但温水般的信仰也是我们应当高度警觉的。那么，主警戒老底嘉教会温水般的信仰态度时，为何不说"愿你们变得火热"，而说"我巴不得你或冷或热"？这里包含着主对他们的痛惜之情，借以警示温水般信仰的危险性。

冷却的信仰至少可以通过责罚管教，使人重获悔改归正的机会。比如人若犯罪，神必向他掩面，疾病、事故或各种灾殃临到他们身上。通过这些管教，可以发觉自身的错谬，以获认罪痛悔，恢复信仰的机会。温水般的信仰状态，则是连这样的机会都不易得着。

但这并不是说冷却的信仰不可怕。实际上处于冷却状态的人，即使受了管教，也不容易悔改归正，因为他们的心往往会被恐惧和丧志所占据，很难再感悟到神的慈爱。就算悔罪归正，获得赦罪的恩典，却是付出了遭灾受苦的代价，这显然是愚妄之举！而且要恢复与神之间的信赖关系，也不那么容易。

温水般的信仰状态是信仰发展严重滞后的结果

温水般的信仰，从另一个角度看，就是信仰发展严重滞后的结果。尤其信心处在第三阶段的人，更当就此仔细省察自己。信心的第一阶段，是刚刚接受主，获得赖以得救之信心的状态；信心的第二阶段是听了道便努力遵行的信仰状态；信心的第三阶段是信心成长到一定程度，听了道就能遵行的信仰状态（参照《信心的大小》）。

只要领受所赐的圣灵，热衷于信仰生活，就可以相对快速进入信心第三阶段的初期阶段。要是身处有着晓悟真理的教导、圣灵充满的聚会、热切祷告的带领、权能彰显的实据之信仰环境，信心的成长会更快。

信心的第三阶段，已从改进外在行为的阶段，跨入更新内在心灵的层次。这个阶段里需要在诸事上更加倾心、尽意、竭诚。比如：礼拜要更尽心至诚，祷告要更专心恒切，向神献上更浓郁的馨香之气。

大有信心的人在忠诚上也要比初信时活出更高的境界。例如：为使命效忠的人，随着信心的增长，应将更浓烈的爱、更善美的馨香献于神。

好比父母对儿女寄予的期待，儿时和成人后迥然不同。一瓶香水的价值，取决于其浓度。香水原液就是量少也是十分昂贵，而经过勾兑稀释，虽然量大却价值不高。随着信心境界的提升，从外在行为看，为神付出的也许跟先前没有太多的差异，但心灵馨香的浓度加深，属灵的爱与善的馨香定会增多。也就是说量上没有太多的变化，但在质上则要有明显的提高。

信仰发展严重滞后的例子

然而，把上述的道理应用于实际，有相当的难度。因为自己外在还是一如既往地行出神的道，所以容易忽略内心层面，就是意识不到自己在尽心至诚方面有待提高和完善。长此以往，本来满有恩典、热衷于信仰的人，也有可能失去圣灵的充满，信仰生活变成一种习以为常的形式上的敷衍。

对极参加的各种礼拜或祷告聚会的热心渐渐冷淡，一次，两次缺席，就是参加也是漫不经心。不仅没有从上头来的喜乐，也没有圣灵的感动，身虽在，心不在焉。

以前无论向神奉献什么，都是甘心乐意的，现在只是出于义务，出于勉强，甚至觉得是一种负担。从圣灵充满的状态中渐渐低落，心里越发空虚烦闷，于是目光转向世界，试图从属肉的事上得到安慰和满足，填补心灵的空虚。若继续放任，就有可能发展成

"情欲的事"（行为上的罪），设置深厚的罪墙与神隔断。

到了这种地步，即使醒悟自己的错，也不容易恢复从前的热心。心中没有神的恩膏，欲恢复热切的信仰状态，倒觉得遥不可望，转而想要安于信仰现状。除净心里的恶，在神的全家尽忠，得进新耶路撒冷的指望已荡然无存，只剩"这样下去也许能进第一层天国"，或"能够得救就心满意足"的侥幸心态。

可见温水般的信仰十分危险，因为温水必然要冷却，不可能维持现状。好比热水停止加热注定由热渐温，由温至冷；亦同行船一旦停止划桨，必被逆流冲到下游。

拿以色列分裂时期南朝犹大第三任国王亚撒为例，登基后的35年间，他始终专心靠神，正直行事。他从国中破除神所憎恶的一切偶像，并因拜偶像的缘故贬了其祖母玛迦太后的位，以免百姓同陷拜偶像的罪中。

但到了晚年，他的信志败落。曾面对大军，专心靠神而得胜，后来却不肯仰赖神，反而向外邦君主求助。因着此事，神藉着先见哈拿尼施以责备，但亚撒不肯悔改，反而将先见囚在监里迫害。于是管教临到亚撒王，脚上生病。

此时他若是信靠神的慈爱怜悯，就必领悟到管教乃是神爱的凭据，是悔改的机会。然而亚撒王终究未能仰赖神的恩慈，反而因着惧怕，躲避神的面。为了脚病，他只求世间的医生，最终不治而亡。这便是温水信仰的真实写照。

温水信仰的危险性

有句俗语叫"青蛙长成了，忘了蝌蚪时"（韩），寓指苦境已去好景来，不再记念昔日苦，甚至忘却别人恩。在信仰里也有类似现象：如经过恳切祈求，蒙神恩典与赐福，解脱各种难处和困境的人，后来远离神，迷恋世俗，亦属同列。

所以神因着慈爱，愿意先赐我们灵魂兴盛的恩典，后赐凡事兴盛的福分。因为灵魂兴盛的人对信仰的热心不会衰退。当然即使还没到灵魂兴盛的地步，只要按自己信心的程度，尽心竭力"栽种"并祈求，神必按公义报答他。

不仅赐灵魂兴盛的福分，同时也照他因信所种所行的，赐他相应的收成。如果对所有的人施行灵魂兴盛才得凡事兴盛的原则，能有几个人配蒙神应允和赐福呢？

关键是蒙了应允和赐福后持定怎样的信仰态度；按照活出怎样的信仰，或使所蒙的福分升华为更完美的果实，或把所蒙的福分消失殆尽。如果安于现状，自得自满，信仰热心衰退，追随财富名利，迷恋世俗风气，必受主的责备。

温水信仰的本质是又"侍奉"神又恋慕世界。换而言之，指在神和世界两者之间总是心持两意，脚踏两只船，图谋方便或有利，随时改变选择取向。

路加福音16章13节说："一个仆人不能侍奉两个主，不是恶这个爱那个，就是重这个轻那个；你们不能又侍奉神，又侍奉玛门。"

"玛门"在这里不单指财利,而是象征与神相对的世界和世界上的事,意思就是不能同时爱慕、侍奉世界和主神(约翰一书2章15节)。

有的人自以为脚踏两只船是一种智慧。但神说要把这种信仰状态的人从祂口里吐出去(启示录3章16节)。"从口中吐出去"是"不认作儿女,弃之救恩之外"的意思,是可怕的警戒之言。

心灵富足的老底嘉教会

耶稣"登山宝训"——八福信息中头一个福就是"虚心的人有福了,因为天国是他们的"(马太福音5章3节)。所谓"虚心的人"按原文和英文(包括韩文)可译为"心里穷乏的人",他们心里谦虚卑微,渴求神,信靠神。反之,心灵"富有"的人,心里满是骄傲、自尊、自私、贪婪,不肯寻求神,随从情欲,贪恋世界,永不知足。

有这样一群人,信主起初是"穷乏的心灵",久而久之,心灵就变得富有了。潜藏的"肉"性渐渐挑旺,心中复又滋生骄奢自满。自获得财富、名誉、权势之后,更是信志衰退,渐渐沉迷在体贴肉体的信仰状态中。

虽然涉身于信仰生活,既不追求真理,也不渴慕属灵的事。经常停歇祷告,后来彻底远离;行道只是流于形式,虚以应付,有行无信;注重自己和自己的私事,轻忽神和神家的事——他们说"我是富足,已经发了财,一样都不缺"。

灵里贫穷、瞎眼、赤身的老底嘉教会

主对他们说"却不知道你是那困苦、可怜、贫穷、瞎眼、赤身的"。醒悟并承认自己的不足和缺欠，也许可得回转的机会，但在信仰上不冷不热的人，自以为富足，对自己的缺欠没有觉悟，即使显明了也不肯承认。

圣灵在里头叹息，灵魂愁苦忧烦，却仍不得醒悟，没有自洁成圣的热心，更没有更新心意的努力。即使肉体上富足有余，如果长此以往，必至于丧失救恩的地步，于是主称他们是"可怜"的。地上的财富终必腐朽消灭，故积攒永恒赏赐在不朽天国的人才是真正富足的人。

在信仰上不冷不热的人，不愿忠心侍奉神，贪爱钱财吝于栽种，没有积攒奖赏在天上，所以，即使终得悔改勉强得救进了天国，也没有什么可得的赏赐。从灵里看，他们是"贫穷"的。

凭着所赐的悟性听道，并且领会其精意的人，对于来世有着确定的指望，因而努力藉着圣道省察自己，脱去暗昧，进入光明。而且倾尽忠心为主侍奉，甘心为神国的兴旺奉献自己的一切。

信仰上不冷不热的人则恰恰相反，他们不懂灵界的奥秘，只顾眼前的现实，不晓得指望天上的尊荣，乃是属灵的瞎子。

他们觉不出自己的暗昧，仍旧活在黑暗里（马太福音6章22-23节）。他们没有穿上圣徒"公义的衣裳"，故称之为"赤身的"。这里"衣裳"代表人的心，"穿上公义的衣裳"是指作成内心的割礼，

全然活出公义

信仰生活不冷不热的人，不作心里的割礼，不遵行神的话，心里满有罪恶，仍然行在黑暗里。从属灵的角度看，他们形同露出赤身的羞耻。在神看来，不作心里的割礼，仍旧怀揣罪恶度日的人，便是露出赤身羞耻的人。

在毫无黑暗的天国，人们将得穿洁白的细麻衣，经上说"这细麻衣就是圣徒所行的义"（启示录19章8节）。凡进天国的都是脱去属世的污衣，得穿荣美的礼服"公义的衣裳"的人（马太福音22章10-14节）。

若想成为美丽的新妇，欢喜迎接新郎主耶稣，务要殷勤作成新妇妆扮，穿上圣洁的礼服。为此应当从"困苦、可怜、贫穷、瞎眼、赤身"的不冷不热的信仰状态中速速回转。

主对老底嘉教会的劝勉

"我劝你向我买火炼的金子，叫你富足；
又买白衣穿上，叫你赤身的羞耻不露出来；
又买眼药擦你的眼睛，使你能看见。
凡我所疼爱的，我就责备管教他，
所以你要发热心，也要悔改。"
（启示录3章18、19节）

尽管老底嘉教会对自身的不足与缺欠仍旧执迷不悟，反以富足充裕自诩，主仍愿他们重能懊悔改过，仔细点醒他们是灵里贫穷、瞎眼、赤身的，并赐予他们勉励之言。

造就精金般的信心乃是主对我们的旨愿

主第一句劝言是"向我买火炼的金子，叫你富足"。这里"金子"寓指精金般的信心。之所以将信心比作金子，是因为金子是最被人重视的珍宝之一，而在信仰里面，信心乃是宝中之宝。

所以"买火炼的金子，叫你富足"所指的意思是叫人造就不变的信心。有了信心才可以得救进天国，凡所求的可以从神得着（马太福音9章29节）。

单单在嘴上说"我信"，不是真实的信心。真实的信心与行为并行、不为状况和条件所左右。这种信心叫做属灵的信心，是不变的信心，经上将之比作金子或精金。

拥有属灵信心的人，对神一切的言语坚信不疑，做出绝对的顺从，不为环境所左右。列王纪上第18章里记载的以利亚先知就是典范。以利亚先知开展圣工是在以色列分裂成南北两国，北朝以色列亚哈王执政时期。

有一天，神指示以利亚说，祂要降雨在地上，解除以色列持续三年半的旱灾。以利亚先知信靠这一约言，上了迦密山顶，"屈身在地，将脸伏在两膝之中"，如此七次向神恳求显应，终使大雨降在以色列。

"七"是代表完全的数目，"经七次祷告蒙神成全"，意味着一信不变，恒求到底，终蒙应允。纵使第七次恳求仍无效验，神人以利亚势必仍凭信恒心恳求，直至蒙允显应。以利亚对神一次指示他的约言，恒信到底，绝对顺从。故而，真实的信心体现在对神持定绝对的信赖，对神的言语一信到底。这就是精金般的信心、属灵的信心。

这种信心不是白得的；好比精金经过火炼提成，信心通过熬炼造就。唯有经历多重试炼和患难，凭信得胜，作弃罪的工夫到流血的地步，为遵行神道付出劳碌、忍耐和节制的代价，才能拥有精金般的信心。

开启灵眼造就圣洁心灵

主对"心里富足"，"露出赤身羞耻"的老底嘉教会说"又买白衣穿上"。这里"白衣"指圣徒圣洁的行为，圣洁的行为又是由圣洁的心灵发出的。

正如马太福音12章34节后半节所说"……因为心里所充满的，口里就说出来一样"，人的心灵决定人的言行。外表圣洁内心不洁的"假冒为善"的人，瞒不住察看人肺腑心肠的神，其隐藏的恶早晚要暴露无遗。

"穿上白衣"表示除去心中一切黑暗属性，用真理造就洁白的心灵。也就是说，藉着真道将"黑心"改造为"白心"。这样就可以穿上"公义的衣裳"，免去赤身露体的羞耻。

今世的人们不知自己是"赤身露体"的。罪污满心，行在黑暗中，却不知其罪在何处；失去神的形像，丧失人的本分，行同兽类，甚至不如兽类,却不以为耻。从属灵的角度看,这就是"赤身的羞耻"。

虽称信神,却在黑暗中行,殊不知自己是赤身羞耻的人,是属灵的瞎子。所以主向他们说"买眼药擦你的眼睛,使你能看见",是告诫他们要开启属灵的眼睛,不可再作属灵的瞎子。

凭着信心,活出神道,就能渐渐听清圣灵的声音,获得属灵的辨别力,明白何为真理、何为罪恶,这种状态就叫"开启灵眼"。

唯有开启灵眼的人,才能悟出神道的精意,获得属天的盼望,并藉着道发觉自己的缺欠,照着真理更新自己的心意。

开启灵眼,除了用属灵的眼睛看见属灵世界的意义外,还有更重要的意义,就是神的道听有所悟,悟有所行,行有所果,也就是说,听了神的道,悟出神的旨意,并按真理而行,获得更新心意的果效。

开启灵眼,了解神的属性,明白神旨意的人,一定是不与世俗为友,专心追求圣洁,并藉着真道殷勤省察自己的暗昧之处,竭力用真理更新自己的心意。这样的人就是住在光明中的人,会与神的交通日渐加深,所蒙的爱也日趋加增。

管教是神爱的体现

主对老底嘉教会加以严厉的责备并劝勉后,接着又敦促他们转离错谬的信仰道路："凡我所疼爱的，我就责备管教他，所以你要发热心，也要悔改。"

这段话显明了神管教儿女的缘由和目的，管教乃是神爱的体现；藉着管教激发挑旺人们对信仰的热心（希伯来书12章6-8节）。

心存真爱的父母，就是采取责打的方式，也要挽救走上歧途的儿女。好言相劝不肯听，哪怕加以体罚，也要使其改正，出于爱心的责打，会使孩子把教训深印在心里。不忍心让孩子受苦而不予管教，这不是真正的爱。

圣经上的典型人物，可数以色列士师时代的大祭司以利。他对亵渎、玷污圣殿的两个儿子，只在口头上告诫，并不严责管教。两个儿子作恶不止，越发肆无忌惮，神的烈怒便临到以利全家，以利的两个儿子死于战场，以利祭司惊闻噩耗就从他的位上往后跌倒，断颈而亡。

神许可儿女们受管教，乃是因着祂的慈爱。对犯罪的儿女不予责罚或管教，按"罪的工价乃是死"这一灵界的法则，他们必至死亡的结局，神的儿女应当心领感悟神如此这般的爱怀。在管教中领悟神爱的人，必诚然懊悔，改正错误。

对那些受到一次两次责罚管教仍旧麻木不醒的人，就没有使他继续受管教的必要了。一个信主的人，不按真理而行，屡屡犯罪作恶，却不受管教，这无疑是神已向他掩面，再没有比这更大的不幸了。

所爱的儿女走上错谬的道路，神必因着慈爱对他们施行管教，决不撇下他们如同私子。这是一种福分。蒙神管教，当时或许感到愁苦，甚至畏惧，但只要想到"若不蒙管教，我会落得怎样的结局"，便能藉着管教反而感悟到神的慈爱。

当然这不是说非受管教就不能感悟神爱。在施行管教之前，神必藉着各种方式，如藉着道理点悟、提醒等，让人醒悟并悔改自己的罪。

此时应当谦卑自省，速速懊悔归正，否则难免受管教。即使未能即时悔改而临到管教，也要相信这是神爱的体现，并诚然懊悔，回转归正。进而努力重修与神之间的信赖关系，殷勤积攒天国的奖赏。

主对老底嘉教会的应许

"看哪,我站在门外叩门,
若有听见我声音就开门的,我要进到他那里去,
我与他,他与我,一同坐席。
得胜的,我要赐他在我宝座上与我同坐,
就如我得了胜,在我父的宝座上与他同坐一般。
圣灵向众教会所说的话,凡有耳的,就应当听。"
(启示录3章20-22节)

　　主向老底嘉教会许下约言,使他们有得生的指望。主劝勉这迷失在不冷不热的信仰状态中、灵里沉睡不醒的老底嘉教会,聆听主的声音,从昏蒙中觉醒,并向他们承诺:凡得胜的,要赐他在主的宝座上与主同坐。

打开心门领受真理遵行主道的嘱托

英国画家威廉·霍尔曼·亨特有一幅作品,描绘的是主站在门外叩门的情景。从画中可以看到一扇门,没有门环,也没有门锁,暗示这门只能从里开启。象征性地描绘出主叩人心门的恩召。

主向老底嘉教会的圣徒们说:"看哪,我站在门外叩门,若有听见我声音就开门的,我要进到他那里去,我与他,他与我,一同坐席。"

"站在门外叩门"表示主藉着真理圣道叩我们意念之门的意思。我们听神的道,应当把道存在心里作为生命之粮,为此必须先打开意念之门,进而打开心灵之门,把神的道接在心里。

因为神的道存在心里,才可以行出来。把道存在心里并且谨守遵行,这就是"与主一同坐席"所包含的灵意。但是需要注意的是,仅仅打开意念之门,而不打开心灵之门,那么神的道只是存在头脑里的知识而已。

这叫知识上的信心,即没有行为的死的信心,凭此必然停留在不冷不热的信仰状态中。即使信仰阅历深厚,道理懂得很多,若不照着行,就无法使道成形在心里,更得不到属灵的信心,教会也只是来来去去,因此这样的基督徒也是有名无实的。

主虽然无所不能,但从不强行打开人的心门,因为这不合乎公义。神若是强行打开人的心门,把属灵的信心放在人的心里,那么这世上的人就没有一个不得救的。神对人类的耕作也就不能在公义中成就。

神赋予人类自由意志，旨在获得甘心归神且诚心信神并爱神的真儿女。主随时叩我们的意念之门和心灵之门，而领受这一福分，全靠我们自由意志的选择。凡爱神的人都会敞开心门，接主在心，一同坐席，也就是遵行真道，活出主的形像。

得胜的人将蒙同坐主宝座的福分

开启心门，领受真道，并且谨守遵行，"与主一同坐席"的人，必胜过世界和仇敌魔鬼、撒但。

主说："得胜的，我要赐他在我宝座上与我同坐，就如我得了胜，在我父的宝座上与他同坐一般。"（启示录3章21节）意思是得胜的人必蒙所赐的救恩，在天得享应得的地位尊荣，就像主胜过死亡权势，坐在神宝座右边一样。

虽然老底嘉教会因信仰上不冷不热，从主受到"我必从我口中把你吐出去"的严厉警告，但他们只要肯开启心门，悔改归正，救恩之门必向他们重新敞开。因为在"救恩方舟"的门还未彻底关闭之前，得救的机会尚还存留，所以主以焦切的心情，殷殷叮嘱他们直到最后一刻。

我们作神儿女的应当作得胜的人，并要战胜到底。跟随耶稣走窄道，凭着感恩、喜乐和仁爱，恒心不变跟随到底，好使我们在末后、主再来的那日，得与主同享至大的尊荣。

我们不要像有些人起初殷勤为真道打美好的仗，后来信志颓靡，甚至半途而废，失去永恒的福分和尊荣。只要藉着主对老底嘉教会的教训，时常查验自己的信仰光景，若有不冷不热的信仰倾向，就当立刻悔改归正。并继续保持胜者的态势，努力赢得更大的尊荣，终至得居恩主宝座的近处。

七个教会的信息中所蕴含的神爱

"看哪,我必快来。凡遵守这书上预言的有福了!"
(启示录22章7节)

人类的感知判断能力是有限的,如飞行员在进行飞行活动时常常遇到"飞行错觉",导致大大小小的事故。

例如:海上飞行时易产生错觉,由于海和天颜色相近,或把海平面误为天空,或把天空误为海面;飞机在高速上升时突然减速会使飞行员产生飞机低头下滑的错觉。

为了克服这种飞行错觉,飞行员必须坚信仪表;要承认错觉,全赖仪表判断并调节飞行速度和方向。

我们的信仰历程也相仿。人是受造的,神是创造主,神的意念高过人的意念,人不能按照自己的标准过信仰生活,否则很容易陷入错觉或迷津。启示录中提到的七个教会就是如此。各教会都以为自己殷勤作神的工,但有的受到责备,有的则受到告诫或规劝。

当今世界教会众多,都有敬拜、祷告等信仰行为,并宣称爱神,但真正得主喜悦的教会能有多少呢?主对七个教会的圣训,就是检验我们信仰的标准。

是新旧约圣经教训的浓缩,借此可以分清什么样的教会蒙主称赞,什么样的教会受主责备,自己身处的教会属于哪一类型。

并照主对各教会的责备之处自我省察,发现可责之处,就当立即懊悔改正,践行神道,免得迟疑不定,耽误灵程。

尤其要留意的是主对七个教会的书信载入在启示录。表明这一信息乃旨在使这末时灵里沉睡的众教会获得觉醒,作好迎接再临主的准备。因为这是神爱的体现。

从主写给七个教会的信息中我们获知成为得主称赞的教会和圣徒的途径。但务要谨遵而行。知而不行,便是枉然。复活升天的主再来的日子近了,到那末日,神必针对众教会和代表教会的众主仆进行公正的审判。切望普世教会和主的仆人,照主的教训活出全新的形象,成为得主称赞的教会和主仆人。

七个教会
Seven Churches

在未获得乌陵出版社书面许可的情况下，不得对本书的内容进行制本、复印、电子传送等。

本书所引圣经经文取自《现代标点和合本》

作　　者: 李载禄
编　　辑: 宾锦善
设　　计: 乌陵出版社设计组
发　　行: 乌陵出版社（发行人: 宾圣男）
印　　刷: 艺源印刷厂
出版日期: 2007年11月初版（韩国，乌陵出版社，韩国语）
　　　　　2011年 6月二版（韩国，乌陵出版社，韩国语）
　　　　　2016年 9月初版（韩国，乌陵出版社）

Copyright © 2016 李载禄博士
ISBN 979-11-263-0148-5 03230
Translation Copyright © 2006 郑求英博士

问 讯 处: 乌陵出版社
电　　话: 82-2-837-7632 / 82-70-8240-2075
传　　真: 82-2-869-1537

"乌陵"是旧约时代大祭司为了求问神的旨意放在决断胸牌里使用的器物之一，希伯来语意为"光"（出28:30）。

www.ingramcontent.com/pod-product-compliance
Lightning Source LLC
LaVergne TN
LVHW041801060526
838201LV00046B/1087